JURISDIÇÃO DA PAZ

A NOVA JUSTIÇA HUMANIZADA DO SÉCULO XXI

MONICA RODRIGUES CAMPOS MORAES

Advogada. Pós-graduada em nível de especialização com formação para o magistério superior em Direito Processual Civil pela Universidade do Sul de Santa Catarina — Unisul — Consultora jurídica. Pacificadora de conflitos. Articulista e pesquisadora independente.

JURISDIÇÃO DA PAZ

A NOVA JUSTIÇA HUMANIZADA DO SÉCULO XXI

EDITORA LTDA.
© Todos os direitos reservados

Rua Jaguaribe, 571
CEP 01224-001
São Paulo, SP — Brasil
Fone (11) 2167-1101
www.ltr.com.br

Produção Gráfica e Editoração Eletrônica: R. P. TIEZZI
Projeto de Capa: RAÚL CABRERA BRAVO
Impressão: DIGITAL PAGE
LTr 4684.4
Dezembro, 2012

Dados Internacionais de Catalogação na Publicação (CIP)
(Câmara Brasileira do Livro, SP, Brasil)

Moraes, Monica Rodrigues Campos

Jurisdição da Paz : a nova justiça humanizada do século XXI / Monica Rodrigues Campos Moraes. — São Paulo : LTr, 2012.

Bibliografia
ISBN 978-85-361-2370-7

1. Humanização 2. Jurisdicção 3. Jurisdição (Processo civil) 4. Jurisdição — Brasil 5. Justiça restaurativa 6. Justiça social I. Título.

12-12937   CDU-347.98(81)

Índice para catálogo sistemático:

1. Brasil : Jurisdição da paz : processo civil 347.98(81)

Agradecimentos

Aos ídolos amados e admirados Deus, Jesus Cristo e o Espírito Santo, que sempre nos protegem, inspiram e nos dão forças para seguir, iluminando nossa caminhada e nos levando em seus braços quando fraquejamos.

Ao amado companheiro inseparável João Henrique M. Moraes, conhecido pelos amigos como Moraes JVZ, por existir em minha vida, por toda dedicação e pelo carinho com que sempre nos prestigia e incentiva.

Aos queridos e amados avós Natália Pessoa e Francisco Campos *in memoriam* por todos os zelos na infância, rigorosa educação e formação cristã.

Com todo carinho à LTr Editora pelo cordial interesse na difusão do nosso trabalho, e, em especial, a cada integrante de sua magnífica Equipe Editorial, por toda atenção, dedicação e eficiência.

E, por fim, aos queridos visitantes de mais de 160 países que prestigiam nosso Blog Jurisdição da Paz & Humanização da Justiça, fundado em julho de 2007 com o intuito de compartilhar com o mundo nossos anseios e ideais de Justiça e Paz, agora consagrados na presente obra.

Monica Rodrigues Campos Moraes

SUMÁRIO

APRESENTAÇÃO 9

PREFÁCIO 11

INTRODUÇÃO 17

1. A CRISE DO PROCESSO E DO PODER JUDICIÁRIO NO BRASIL E NO MUNDO — BREVES COMENTÁRIOS 23

1.1. SOLUÇÕES INEFICAZES: AS INTERMINÁVEIS REFORMAS LEGISLATIVAS 38

1.2. SOLUÇÕES EFICAZES: REFORMAS LEGISLATIVAS COM EFETIVA ADOÇÃO DE SISTEMAS ALTERNATIVOS DE RESOLUÇÃO PACÍFICA DOS CONFLITOS (RAD/ADR) 41

2. O QUE É HUMANIZAR A JUSTIÇA? 53

2.1. FUNDAMENTOS DA HUMANIZAÇÃO DA JUSTIÇA: A FILOSOFIA DE KANT E OS PRINCÍPIOS CONSTITUCIONAIS FUNDAMENTAIS 58

3. O INSTITUTO DA CONCILIAÇÃO — BREVE HISTÓRICO E CONSIDERAÇÕES INICIAIS 79

3.1. CONCILIAÇÃO: ABORDAGEM CONCEITUAL, CARACTERÍSTICAS E PRINCIPAIS ASPECTOS ... 85

3.2. A CONCILIAÇÃO E A PROPOSTA DO CNJ — CONSELHO NACIONAL DE JUSTIÇA: RESULTADOS CONCRETOS 86

3.3. CONCILIAÇÃO: O DESTAQUE INTERNACIONAL 99

4. A NEGOCIAÇÃO — BREVÍSSIMOS COMENTÁRIOS 101

5. ARBITRAGEM — UM MODERNO INSTITUTO SECULAR: BREVE HISTÓRICO 103

5.1. ARBITRAGEM: ABORDAGEM CONCEITUAL, CARACTERÍSTICAS E PRINCIPAIS ASPECTOS .. 111

5.2. UM BREVE PANORAMA DA ARBITRAGEM NO BRASIL E NO MUNDO 117

6. O INSTITUTO DA MEDIAÇÃO — BREVE HISTÓRICO 129

6.1. MEDIAÇÃO: ABORDAGEM CONCEITUAL, CARACTERÍSTICAS E PRINCIPAIS ASPECTOS 130

6.2. MEDIAÇÃO: BREVES COMENTÁRIOS AO PROJETO DE LEI N. 94/2002 134

6.3. UM BREVE PANORAMA DA MEDIAÇÃO NO BRASIL E NO MUNDO 143

7. A HUMANIZAÇÃO DA JUSTIÇA NA VISÃO DO STJ E DO STF 151

CONCLUSÕES 157

REFERÊNCIAS 163

APRESENTAÇÃO

Nesta obra tratamos sobre a importância e as vantagens da efetiva utilização de formas alternativas para a solução pacífica de conflitos intersubjetivos de interesses no âmbito jurisdicional, os chamados equivalentes jurisdicionais, principalmente conciliação, arbitragem e mediação.

A proposta lançada visa demonstrar que é possível alcançarmos a plena justiça através da humanização da prestação jurisdicional e da pacificação dos litígios, pois a finalidade da verdadeira justiça é a paz social, e não o seu desequilíbrio.

Trazemos à baila exemplos empíricos dos efeitos e reflexos positivos já experimentados por sociedades onde já foi ou está sendo implantado esse sistema, e os que advirão para a sociedade brasileira com a implantação desta "novidade muito antiga".

Abordamos aspectos relevantes no contexto nacional e internacional, trazendo dados concretos e resultados efetivamente positivos dessa moderna postura jurisdicional.

Explicamos fundamentadamente como a paz pode, a curto prazo, amenizar a crise do processo no Brasil resgatando a credibilidade do Poder Judiciário, apesar de já termos lido e ouvido diversos comentários de juristas nacionais discordando da utilização de métodos de conciliação no âmbito judicial, por considerá-los como sendo próprios de sociedades tribais, diante da fantástica conquista da civilização: o processo jurisdicional. Mas, pelo quadro fático atual, claramente percebemos que essa tal civilidade não está predominando em nosso meio social como se esperava, e, contrariamente, o que vivenciamos hodiernamente são truculências.

Concordamos com o mestre processualista gaúcho Galeno Lacerda:

> Quando as coisas instituídas falham, por culpa de fatores estranhos a nossa vontade, convém abrir os olhos às lições do passado para

verificar se, acaso, com mais humildade, dentro de nossas forças e limites, não podem elas nos ensinar a vencer desafios do presente.

Então, partindo da premissa de que "a humanização da Justiça vai atingir o cerne deste problema", pretendemos divulgar a importância da solução pacífica dos litígios, valorizando e fomentando a implantação sistematizada dos meios alternativos de resolução pacífica das controvérsias no âmbito judicial e extrajudicial, a fim de que possam conquistar maior credibilidade e reconhecimento perante a sociedade brasileira, desde que essa institucionalização não sufoque tais meios alternativos com tecnicismos anacrônicos, pois a simplicidade destes procedimentos faz a diferença.

Enfim, temos como principal motivação a necessidade de propor algo concreto e efetivo para solucionar as crises do processo e do Judiciário, enfocando alguns principais aspectos negativos atuais que precisam ser combatidos, quais sejam: as enxurradas de reformas legislativas e a insistência do legislador em continuar incidindo no mesmo erro, já fazendo "reforma das reformas", ou seja, segue reformando o que já foi reformado inúmeras vezes e não funcionou, numa caminhada que nunca chega a lugar algum. Pois a Justiça continua lenta e injusta, as instâncias abarrotadas de processos que parecem insolúveis, o ordenamento jurídico com leis fantásticas em vigor, mas destituídas da efetividade necessária. Sem falar das sérias e perigosas consequências daí advindas: o Judiciário cada vez mais burocratizado e desacreditado, e o jurisdicionado, por sua vez, precisando utilizar-se cada vez mais da autotutela "ilícita" para solucionar conflitos.

E não obstante tantos movimentos sociais em busca de Justiça e Paz, continuamos vivenciando violência potencializada de toda sorte; até acostumamo-nos a cada dia com a situação, inclusive nas contendas judiciais, pois, infelizmente é cediço que a praxe no Brasil é recorrer ao Judiciário com uma sede de justiça nada salutar, em que litigantes comportam-se como verdadeiros inimigos, almejando acima de tudo vingarem-se e prejudicarem-se reciprocamente e não efetivamente defenderem seus direitos em busca da melhor solução. E isso definitivamente não pode continuar!

Precisamos garantir um futuro consolidado e promissor para o Poder Judiciário, estabelecendo um porto seguro, a Paz!

Monica Rodrigues Campos Moraes

PREFÁCIO

Este singelo trabalho é fruto de muita pesquisa, esforço e bastante dedicação, resultado de uma alquimia muito especial. Surgiu de uma fórmula que mistura uma boa dose de Filosofia, com gotas fortificantes de Humanística, uma medida generosa de Direito Natural com a mais pura essência de Regras Morais, alicerçadas na Lei de Deus, tudo delimitado pelo realismo sob o prisma de suficiente otimismo, o qual tem como propósito demonstrar que é possível debelar a crise do processo e do Judiciário através da humanização da prestação jurisdicional com a implantação de uma verdadeira "Jurisdição da Paz".

Esta obra trata-se de uma versão revisada, ampliada e atualizada da Monografia que apresentei à Unisul — Universidade do Sul de Santa Catarina — em 2007, ao curso telepresencial de Especialização em Direito Processual Civil, na modalidade Formação para o Magistério Superior, sob a coordenação dos professores Ada Pellegrini Grinover e Petrônio Calmon Filho, parceria Unisul — IBDP (Instituto de Direito Processual), IBDP (Instituto Brasiliense de Direito Público) e Rede de Ensino LFG (Luiz Flávio Gomes), como requisito parcial à obtenção do grau de especialista em Direito Processual Civil.

Será que é possível tornar realidade um modelo de Justiça rápida, eficiente e acessível a todos? Será que ainda é possível resgatar a hegemonia do nosso Poder Judiciário?

Sim, é possível! Acreditamos, defendemos e idealizamos um modelo de Justiça que realmente dará resultados concretos e efetivos, e, frise-se, isso não é um sonho, é uma necessidade urgente.

Portanto, o principal objetivo deste trabalho é fomentar a modernização do sistema jurisdicional brasileiro, objetivando resgatar a hegemonia e o respeito do nosso Poder Judiciário com a democratização da Justiça, a adoção do conceito kantiano de Justiça, a defesa e efetivação dos fundamentais direitos constitucionais, sobretudo: dignidade da pessoa humana, acesso à Justiça e o cumprimento de diretrizes básicas para se consolidar um verdadeiro Estado Democrático de Direito; bem como a efetiva sistematização dos meios alternativos de solução pacífica das controvérsias, que tanto sucesso vem alcançando internacionalmente, principalmente de institutos como a conciliação, a arbitragem e a mediação.

Mas, para conseguirmos êxito nesta caminhada, mostramos o quanto é irrefutável que haja uma verdadeira evolução na postura de magistrados, advogados e demais profissionais do Direito, para que passem a atuar através de condutas alicerçadas "também" em princípios morais e na Lei de Deus, e não apenas na letra fria da norma jurídica. Enfim, que busquem trabalhar de uma forma mais humanizada e pacífica, e nunca, jamais, atuem instigando confrontos jurídicos beligerantes inúteis e inconsequentes entre as partes "litigantes".

E é com base na experiência conquistada que, com toda convicção, podemos asseverar: "apesar de tanta legislação positivada em nosso ordenamento jurídico objetivando disciplinar nossas vidas, nossos atos e demais fatos jurídicos, percebemos que podemos encontrar soluções para problemas milenares da humanidade em fórmulas muito simplórias". Afinal de contas, não é preciso ser um gênio ou ter um currículo invejável para se vislumbrar que, neste mundo, conseguiremos com êxito solucionar a maioria dos nossos conflitos e imbróglios intersubjetivos quando aprendermos ao menos a identificar o alicerce no qual eles estão sedimentados, onde se fundamentam e qual a origem deles, haja vista que todo problema nada mais é do que o efeito, a consequência de uma causa, e é exatamente a partir dessa mesma causa que iremos extrair a fonte das respectivas soluções. Até porque, pasmem, sabemos muito bem que um antídoto, para neutralizar o efeito letal de uma peçonha, regra geral, é extraído a partir do próprio veneno. Eis o segredo!

Enfim, já é suficientemente notório, obvio e ululante que se a Justiça continuar a trilhar este mesmo caminho de insucessos reiterados, certamente, ao invés de proporcionar a Paz social, que é seu verdadeiro objetivo, estará cada vez mais dificultando a convivência social, e, indubitavelmente, chegará ao ponto de ser considerada como uma instituição inútil, dispensável, totalmente desnecessária à sociedade!

Monica Rodrigues Campos Moraes

"Nada tem mais força do que uma ideia, quando chega seu tempo."
Victor Hugo

"O homem que quiser inovar para o bem, inexoravelmente, passará por cinco estágios: indiferença, ridicularização, ofensa, repressão e, finalmente, respeito."
Mahatma Gandhi

*"Ah! Se tivesses dado ouvidos aos meus mandamentos,
então seria a tua paz como o rio,
e a tua justiça como as ondas do mar!"*
Bíblia Sagrada (Isaías 48:18)

*"E o efeito da justiça será paz, e a operação da justiça,
repouso e segurança para sempre."*
Bíblia Sagrada (Isaías 32:17)

Introdução

O presente trabalho não tem de maneira alguma a pretensão de esgotar os temas ora abordados. Trata-se apenas de uma singela obra, fruto de muita força de vontade e bastante pesquisa, que tem por desiderato precípuo demonstrar que a humanização da prestação jurisdicional, através da pacificação dos litígios, é um passo imprescindível para se abrandar a crise do processo e do Judiciário, e, paulatinamente, se alcançar a plena justiça e a verdadeira Paz social. Levando em conta principalmente que a Paz social é atualmente um direito positivado nas Constituições modernas, elevada à categoria de princípio fundamental e considerada, inclusive, como um axioma da democracia, uma espécie de postulado fundamental que deve passar concretamente a alicerçar as relações sociais e jurisdicionais do mundo moderno.

A proposta ora lançada não se fundamenta, para a surpresa de alguns, apenas em regras jurídicas positivadas, ou em normas de Direito criadas pelo homem, mas, sim, em regras morais e de Direito Natural, criadas por Deus, bem como no resgate de valores e na prática de conceitos e princípios inatos do ser humano, os quais, atualmente, estão em desenfreada decadência pelo reiterado desuso e banalização.

Os pilares de sustentação da nossa proposta são os seguintes:

1 — a filosofia, chamada Idealismo Transcendental, do jusnaturalista Immanuel Kant[1], com prevalência à adoção de um "novo" conceito

---

[1] Immanuel Kant nasceu em 22 de abril de 1724, na cidade de Königsberg, capital da Prússia, onde atualmente é a cidade de Kaliningrado, no enclave russo de Kaliningrad Oblast, e faleceu em 12 de fevereiro de 1804. Kant publicou obras importantes em diversas áreas: religião, direito, estética, astronomia e história. Dentre tantas ganharam destaque: *Crítica da razão pura* (*Kritik der reinen vernunft*, 1781 e 1787), *Crítica do juízo* (*Kritik der urteilskraft*, 1790), e na filosofia política ganhou destaque a obra *Paz perpétua: um esboço filosófico* (*Zum ewigen frieden. ein philosophischer entwurf*, 1795). Na filosofia moral, Kant se destacou em três obras: *Fundamentação da metafísica dos costumes* (*Grundlegung zur metaphysik der sitten*, 1785), *Metafísica dos costumes* (*Metaphysik der sitten*, 1797) e *Crítica da razão*

de justiça, aquele idealizado por ele no século XVIII, que é o de uma justiça em que o juiz, para julgar, deverá se pautar na humanização, adentrando o íntimo da relação jurídica, para decidir objetivando também o desenvolvimento moral e social das pessoas ali envolvidas, e não unicamente à solução da controvérsia a partir da mera subsunção. Pois, *data venia*, entendemos ser o conceito aristotélico de justiça, que ainda fundamenta e alicerça nosso moderno ordenamento jurídico, totalmente inadequado à nossa realidade atual que, é cediço, nos apresenta situações bastante conflitantes com o que os textos legais buscam proteger;

2 — a Teoria dos Interesses Sociais na Lei, segundo Nathan Roscoe Pound[2], conforme a qual a Lei deve reconhecer as necessidades da humanidade, levando em conta as circunstâncias contemporâneas, e ainda em seu entendimento de que uma imutável e inflexível **Lei Natural** compõe a base para a Lei Comum, e que os juízes têm o dever especial de considerar os efeitos práticos de suas decisões e se esforçar para garanti-los, em vez de julgar causando entraves ao crescimento da sociedade. Bem como na sua famosa "jurisprudência sociológica" [disciplina fundada por Pound], a qual, segundo ele, deveria ser aplicada em lugar desse formalismo desacreditado que encobre preconceitos políticos conservadores do sistema jurídico tradicional, haja vista que uma verdadeira visão judicial seria reconhecer que a lei não é uma coleção autônoma de regras autossuficiente e autorreferencial, e, sendo assim, o juiz também deveria buscar sua fundamentação para solucionar os casos em disciplinas fora da lei, incluindo as ciências políticas e sociais. Dessa forma os magistrados tornar-se-iam mais sensíveis ao impacto real da doutrina jurídica. Enfim, trata-se de uma abordagem filosófica que tem por objetivo tornar a lei mais sensível às mudanças sociais, sem perder seu caráter moral e coercitivo tradicional, em oposição ao que ele chamou de "jurisprudência mecânica", a qual caracterizou como sendo uma prática comum, mas odiosa, pela qual os juízes rigidamente aplicam aos fatos, precedentes de outros casos, sem

---

prática (*Kritik der praktischen vernunft*, 1788). Kant é conhecido por sua teoria de que há uma única obrigação moral, a qual chamou de "imperativo categórico", derivado do conceito de dever. Ele define as exigências da lei moral como imperativos categóricos.

(2) Nathan Roscoe Pound nasceu em 27.10.1870, Lincoln, Nebraska, EUA, e faleceu em 30.6.1964, em Cambridge, Massachusetts, EUA. Foi reitor da Harvard Law School de 1916 a 1936, o período chamado de "idade de ouro" daquela instituição de ensino. Considerado pelo *The Journal of Legal Studies* como um dos estudiosos do Direito mais citados do século XX. Em 1940 Pound recebeu a medalha da *American Bar Association* pelo notável serviço que prestou à causa da jurisprudência norte-americana. Ele ajudou a formar um corpo docente e programa de educação legal direcionado a implementar o seu conceito de jurisprudência sociológica.

levar em conta as consequências daí advindas, ou seja, sem considerar as peculiaridades de cada caso. Por isso, para Roscoe Pound, a lógica do precedente anterior por si só não resolveria os problemas jurisprudenciais, assim como a aplicação "seca" da Lei igualmente não seria a solução;

3 — e, por fim, ainda nos servem de arrimo três importantíssimos princípios constitucionais fundamentais, dos quais nunca poderemos nos desprender, quais sejam: a dignidade da pessoa humana (dando maior enfoque à defesa dos Direitos Humanos), o direito de acesso à Justiça (enfatizando a "terceira onda de Cappelletti"), e a consolidação, estabilização e fortificação de um verdadeiro Estado Democrático de Direito na prática (com enfoque à efetividade da cidadania).

Nesse diapasão, acreditamos que a efetiva utilização de formas alternativas para solução pacífica das controvérsias aniquilará, de uma vez por todas, essa chamada *litigiosidade contida — conforme acertadamente afirma o ilustre jurista Katzuo Watanabe —*, a qual agride profundamente o sentimento de justiça que permeia a sociedade, simplesmente porque não é justa a justiça tardiamente prestada, já dizia nosso saudoso Rui Barbosa de Oliveira, ou seja, a prestação jurisdicional que não satisfaz, não pode ser considerada como tutela jurisdicional adequada jamais.

Então, é partindo exatamente da premissa de que "a humanização da Justiça vai atingir o cerne do problema referente à crise do processo e do Judiciário", e que, com a regulamentação e efetiva adoção de uma verdadeira Jurisdição da Paz, harmonizando e concretizando alguns ideais defendidos por Immanuel Kant e Nathan Roscoe Pound, poderemos materializar e dar efetividade à "terceira onda do acesso à Justiça" prevista como sendo necessária já há bastante tempo pelo ilustre mestre Mauro Cappelletti[3], é que pretendemos, com o presente trabalho, divulgar a importância da modernização de todo o aparelho judiciário e sistematização dos meios pacíficos de se resolverem controvérsias, valorizando e fomentando a conciliação e os demais equivalentes jurisdicionais no âmbito judicial e extrajudicial.

Vale saber que, segundo Mauro Cappelletti (1988), a primeira onda de acesso à Justiça teve início em 1965 e seu enfoque foi no alcance da prestação jurisdicional de forma gratuita, na assistência aos vulneráveis economicamente, a qual, ainda que de uma forma não muito satisfatória, aqui no Brasil

---

(3) Mauro Cappelletti nasceu em 14 de dezembro de 1927, na Itália, e faleceu aos 76 anos em Fiesole, Itália, em 1º de novembro de 2004. Eminente jurista italiano, doutor em Direito pela Universidade de Florença (Itália), na qual logo depois foi professor de Direito, bem como na Stanford University Law School, dentre outras instituições internacionais. Além disso, foi Presidente da Escola de Direito no Instituto Universitário Europeu, Florença (Itália) e recebeu muitos títulos de honra internacionalmente.

já se iniciou, através da implantação dos Juizados Especiais e da Defensoria Pública, a chamada Assistência Judiciária. A segunda onda teve como foco o estímulo e a proteção dos interesses difusos e coletivos em detrimento do individualismo que se desenhava, a qual no Brasil se verificou através do surgimento de importantes ações assecuratórias destes direitos, tais como: a ação popular, a ação civil pública e a ação coletiva para a defesa dos consumidores e de outros seguimentos da sociedade. E finalmente a terceira onda que teve como objetivo maior a efetiva democratização e facilitação do acesso à Justiça através da modernização do próprio processo civil, com enfoque maior na adoção de formas alternativas de resolução de conflitos, em busca de alcançar a pacificação social através do incentivo à utilização dos equivalentes jurisdicionais, em detrimento do sistema tradicional contencioso altamente burocrático, dispendioso e formalista, sem todavia desprezá-lo.

Portanto, com este trabalho ter-se-á por objetivo, mesmo que em apertada sinopse, levar ao conhecimento da sociedade o sucesso que o desenvolvimento dessa cultura vem alcançando ao redor do mundo, trazendo a lume dados concretos referentes a resultados muito satisfatórios e surpreendentes, neste sentido, já obtidos no passado e no presente, nacional e internacionalmente.

E, nesse diapasão, ao fim, inevitavelmente, vislumbrar-se-á que a humanização da prestação jurisdicional, nos moldes ora propostos, é o caminho para se alcançar a plena Justiça, uma vez que a tornará muito mais acessível, célere, justa e efetivamente satisfativa, não deixando que seja desviada dos seus originais fins sociais. Sendo, quiçá, a solução acertada para erradicar a crise que vem atormentando o Poder Judiciário brasileiro desde 1960, época em que já se comentava acerca da crise do Supremo Tribunal Federal.

Afinal de contas, não podemos assistir inertes à decadência do Poder Judiciário brasileiro, principalmente porque, como juristas, profissionais do Direito, advogados, magistrados, etc., seríamos no mínimo covardes, uma vez que temos o dever social, constitucional e, principalmente, moral de resgatar a hegemonia, a supremacia absoluta e o respeito desse Poder que abraçamos por vocação como ideal de vida na seara profissional. Não podemos deixá-lo que se torne uma instituição falida, inútil e desnecessária à sociedade...

E, como acertadamente afirmou com brilhante lucidez e divina sabedoria o ilustríssimo José Renato Nalini, desembargador de carreira do Tribunal de Justiça de São Paulo, em artigo intitulado *Novas Perspectivas de Acesso à Justiça*[4]:

> É o momento de se ensinar o juiz a conviver com alternativas diversas de realização da justiça, humilde na convicção de que não é só ele o concretizador do justo, mas precisará coexistir com as tendências de solução pacífica dos conflitos, sejam elas a conciliação,

---

(4) Nalini, J. Novas perspectivas no acesso à justiça. *Revista CEJ*, v. 1, n. 3, p. 61-69, set./dez. 1997. Disponível em: <http://www.cjf.jus.br/revista/numero3/artigo08.htm> Acesso em: 11.2011.

a mediação, a arbitragem ou mesmo certas formas incipientes de justiça privatizada. Quem não se aperceber de que os tempos são outros e que o acesso à Justiça é algo de muito mais sério do que garantir a institucionalização do conflito mediante o processo, poderá ser surpreendido com a substituição da Justiça convencional por outras formas de maior eficiência na mitigação da sede de justiça de que padece a humanidade aflita, mas participante, deste final de milênio.

1. A Crise do Processo e do Poder Judiciário no Brasil e no Mundo — Breves Comentários

"Ao morrer, evite o inferno. Em vida, evite os tribunais."

Provérbio chinês

Com certeza não precisamos cumprir incondicionalmente esse provérbio chinês, entendendo-o como uma forma negativa de criticar o Poder Judiciário, a ponto de temer que uma demanda chegue aos tribunais, não! Mas, ao contrário, devemos usar a inteligência desse provérbio para nos ajudar a ver que a crise do Judiciário é tão antiga quanto o início de sua própria existência, e que, desde os tempos mais remotos, o melhor era evitá-lo a se socorrer dele.

Na atualidade, sabemos, por tantos outros motivos, ainda não é diferente! Temos realmente que evitar ao máximo recorrer aos tribunais para resolver nossas controvérsias não apenas pela morosidade, pela ineficiência, mas, sobretudo, para alcançar outros objetivos: primeiramente para debelar essa crise que já vem maltratando o sistema jurisdicional e, consequentemente, os jurisdicionados, há décadas... Em segundo lugar, porque é necessário modernizar urgentemente a prestação jurisdicional, adequando-a a nossa realidade, pois é imperativo torná-la mais democrática, mais justa, mais humana — e isso depende essencialmente da mudança de nossas mentalidades em relação aos conflitos entre nós mesmos e a maneira de solucioná-los, a aceitação da possibilidade de, através da utilização de métodos alternativos e pacíficos de resolução desses conflitos, dos chamados equivalentes jurisdicionais, conciliarmos nossos interesses e alcançarmos a Paz tão desejada... E, em terceiro lugar, porque é inexorável que resolvendo nossas controvérsias pacificamente, conciliando nossos interesses e conquistando a Paz, teremos a certeza de sempre estarmos alcançando a verdadeira e não menos almejada Justiça.

Para inaugurar o presente capítulo, façamos uma profunda reflexão acerca da necessidade de modernizarmos urgentemente o Poder Judiciário, adequando a prestação jurisdicional à atual realidade social com o objetivo de vencermos essa chamada "crise do processo" que tanto nos desencanta, com a leitura atenta de um episódio de cunho altamente crítico, contado pela Excelentíssima Ministra do STJ Fátima Nancy Andrighi em uma de suas brilhantes palestras, que, apesar de retratar um fato de certa forma ultrajante, é bastante válido e, sobretudo, oportuno para alertar a todos os que têm apreço e ainda acreditam no Poder Judiciário, *in verbis*:

> Trata-se da experiência de um notável cientista que resolveu dedicar seus estudos à perpetuação da vida humana. Anos a fio de pesquisa fizeram com que optasse pelo método do congelamento.
>
> Encontrado um cidadão que aceitou submeter-se à inusitada experiência: foram tomadas as providências para que a urna de congelamento fosse aberta somente cem anos após, quando, então se poderia aferir o sucesso da tão audaciosa experiência.
>
> Cem anos depois...
>
> A comunidade científica em imensa agitação, para não dizer frenesi, se preparava para a abertura da urna de congelamento. Para um ato de tamanha importância no campo científico, e sem precedentes, foi antecedido por incontáveis reuniões de estudos pelos cientistas responsáveis pela operação, tudo em prol do bem estar daquele ser humano que acordaria em ambiente certamente hostil considerado aquele que vivia ao ser congelado.
>
> Várias dúvidas e incertezas pululavam na mente dos mestres, pondo-se em destaque aquela relativa à incerteza acerca do lugar na vida em sociedade que deveria o cidadão-cobaia ser acordado. A preocupação tinha justificativa, considerando as profundas transformações e avanços tecnológicos impostos ao mundo nos últimos cem anos. Era preciso encontrar um local adequado de convivência para não causar nenhum trauma ao recém-acordado.
>
> Realizadas muitas reuniões e, depois de muito pesquisar e sopesar, os cientistas chegaram a uma conclusão: o cidadão-cobaia deveria acordar no seio da comunidade formada pelo Poder Judiciário.
>
> Por quê? Ora, porque as mudanças ocorridas no Poder Judiciário nos últimos cem anos foram tão insignificantes que este ser humano, embora permanecendo distante da vida em sociedade, com certeza

não se sentiria nem um pouco deslocado ou distante da realidade que vivia quando se submeteu à experiência.[5]

A chamada "crise do processo", que tem como consectário lógico a crise de todo o Poder Judiciário, não é um "privilégio" apenas do Brasil.

Para se ter uma ideia, essa tal crise do processo vem há muito tempo sendo motivo de grande preocupação para vários países em todo o mundo, levando-nos a concluir que a insatisfação da sociedade com o sistema de administração da Justiça, de um modo geral, é tão antiga quanto o surgimento da própria Lei.

Os Estados Unidos da América, por exemplo, há mais de 35 anos vêm empreendendo esforços no sentido de solucionar esse mesmo problema, principalmente com a adoção de formas alternativas de solução dos conflitos (*ADR*), como sendo um eficiente instrumento de desobstrução do Poder Judiciário, conforme demonstraremos ao longo deste trabalho.

Para termos uma ideia da origem de toda essa problemática, é relevante saber que nos EUA, em 1906 [início do século XX], já existiam registros de ações do governo para tentar resolver questões de insatisfação social com o sistema judiciário e com a administração da Justiça, pois, neste ano de 1906, Nathan Roscoe Pound discursou na Convenção Anual da *American Bar Association*[6] e o tema de sua palestra foi: *The Causes of Popular Dissatisfaction with the Administration of Justice* (As Causas de Insatisfação Popular com a Administração da Justiça). Nela, ele reconheceu a necessidade de maior eficácia na prestação jurisdicional, e que o sistema contencioso transforma as controvérsias em um jogo de litígio, uma verdadeira batalha entre as partes, dando uma falsa noção da finalidade e dos fins da Lei e do Direito. Nessa ocasião, *Pound* apresentou sua teoria da lei e mostrou a importância da aplicação na prática da disciplina que fundou: jurisprudência sociológica, da qual já tratamos linhas atrás.

A *ADR* — *Alternative Dispute Resolution* é a sigla que, conforme tradução literal, significa Resolução Alternativa de Disputa, e designa os meios pacíficos de resolução de controvérsias, que são métodos alternativos à jurisdição contenciosa tradicional de solução dos conflitos, os quais são no âmbito jurídico doutrinário também conhecidos como equivalentes jurisdicionais.

---

(5) Pronunciamento sobre *A Reforma Processual* proferido em ocasião do Congresso de Direito Processual Civil em Porto Alegre, em 22 de março de 2002. Disponível em: <http://bdjur.stj.gov.br> Acesso em: 20.12.2006.

(6) A *American Bar Association (ABA)*. Disponível em: <http://www.americanbar.org/aba.html>. É a maior organização profissional (de advogados) voluntária do mundo, fundada em 1878, que, apesar de não ter posição oficial, é prestigiada na formulação de diretrizes para a prática da lei, e sua interpretação, os seus líderes e seus pareceres jurídicos são altamente respeitados. É, portanto, um termômetro importante nos círculos jurídicos, contando com mais de 400 mil membros, e, ao longo dos anos, tem sido a grande responsável pelo desenvolvimento da Jurisprudência norte-americana e também pela difusão da *ADR*.

O maior interesse pela utilização prática da *ADR* surgiu inicialmente nos EUA em virtude de uma manifestação do então Presidente da *Harvard University* (Universidade de Harvard), prof. Derek Bok[7], honorável membro da comunidade jurídica norte-americana, o qual, ao avaliar o sistema processual tradicional utilizado pelo Poder Judiciário norte-americano, conceituou-o da seguinte forma:

> [...] um sistema que foi semeado de esperanças tiradas daqueles que encontram demasiada dificuldade de compreender, demasiado quixotesco para impor respeito e demasiado caro para obter resultado prático, e concluindo disse que: ... os resultados não justificam os custos: muitas leis e pouca Justiça, muitas normas e poucos resultados.[8]

Conforme a ministra Nancy Andrighi, imediatamente após a implantação do novo método, sua eficácia foi de logo comprovada, principalmente no âmbito comercial, em que as associações comerciais e determinados setores industriais — o marítimo, o mercado de valores, de peles e sedas — criaram formas privadas de resolução de conflitos, tendo sido a partir daí bastante incentivado, inclusive por celebridades norte-americanas da época, as quais fizeram questão de utilizá-lo em suas próprias lides, a exemplo de:

George Washington — quando incluiu uma cláusula de arbitragem em seu testamento para que eventual disputa que sobreviesse a seus herdeiros fosse solucionada por este "meio alterno";

Abraham Lincoln — quando exerceu a advocacia, atuou como árbitro em uma célebre disputa entre granjeiros acerca da delimitação de suas propriedades.

Todavia, continua a célebre Ministra, passados inúmeros históricos eventos em busca da modernização da prestação jurisdicional, os jurisdicionados norte-americanos ainda demonstravam certa inconformidade e desânimo com a administração da justiça. Então, foi nessa ocasião que o juiz Warren Burger[9], Presidente da Suprema Corte Norte-Americana, visando reavivar o interesse das instituições tradicionais para as vias alternativas de resolução de conflitos, resolveu convocar a célebre Conferência de Roscoe Pound, onde,

---

(7) Derek Curtis Bok nasceu em 22 de março de 1930, em Bryn Mawr, Pennsylvania, EUA. É advogado, professor na Harvard Law School desde 1958, onde foi reitor, de 1968 a 1971. Foi o 25º presidente da Harvard University (gestão de 1971 a 1991), cargo que reassumiu interinamente em julho de 2006, permanecendo até junho de 2007. É autor de várias obras, dentre elas: *Beyond the ivory tower* (1984), *The trouble with government* (2001), *Our underachieving colleges: a candid look at how much students learn and why they should be learning more*. Princeton: Princeton University, 2006.

(8) ANDRIGHI, Fátima Nancy. *Formas alternativas de solução de conflitos*, 2003. p. 4. Disponível em: <http://bdjur.stj.gov.br> Acesso em: 14.11.2006.

(9) Warren Earl Burger nasceu em Saint Paul, Minnesota, USA, 17.9.1907, e faleceu em 25.6.1995. Foi o 15º *Chief Justice* da Suprema Corte dos EUA, nomeado pelo presidente Richard Nixon em 1969, cargo em que permaneceu até 1986.

logo no prelúdio da cerimônia, expressou o seu temor e preocupação com a situação, exatamente assim:

> (...) que a sociedade americana poderia ser invalidada por bandos selvagens de advogados famintos, como uma praga de gafanhotos e um exército de juízes, e profetizou: que logo estariam chegando a um ponto em que o sistema judicial, tanto estadual, quanto federal, poderiam literalmente afundar antes do final do século.[10]

Vale registrar que essa Conferência aconteceu há mais de 35 anos, em abril de 1976, e alternativamente é conhecida como *Roscoe Pound Revisited*, pois comemorou o discurso proferido por Nathan Roscoe Pound, em 1906 (há mais de 105 anos), na Conferência Nacional da *American Bar Association*, cujo tema foi: "As causas da insatisfação popular com a Administração da Justiça", conforme já foi abordado anteriormente, onde verificamos que ainda no início do século XX já se buscava uma melhoria na administração da Justiça.

É importante saber ainda que a Conferência intitulada *Roscoe Pound* teve como convidado especial do juiz Warren Burger o professor Frank E. A. Sander[11], da Harvard Law School, líder pioneiro do moderno movimento de resolução alternativa de litígios nos EUA. Na ocasião, ele advertiu os participantes da conferência sobre as limitações dos processos judiciais tradicionais, e também pediu a eles para vislumbrar alternativas na solução das controvérsias, uma rica variedade de diferentes processos que podem oferecer muito mais eficácia na solução dos conflitos, incentivando a implementação do chamado *Multi-door Courthouse* (tribunal multiportas), ou seja, de um sistema judicial que disponibilizasse várias portas se abrindo para uma ampla gama de processos de resolução de conflitos, em que as disputas poderiam ser abordadas de forma eficiente através dos mecanismos mais adequados para as partes e mais bem direcionados às questões envolvidas. Tal tribunal deveria se chamar *Dispute Resolution Centers* (Centros de Resolução de Disputas), cujas Câmaras teriam a seguinte disposição: *Screening Clerk* (Balcão ou Secretaria de Triagem) — *Room 1*; *Mediation* (Mediação) — *Room 2*; *Arbitration* (Arbitragem) — *Room 3*; *Fact Finding* (Adequação ou Enquadramento do Fato) — *Room 4*; *Malpractice Screening Panel* (Painel de Triagem) — *Room 5*; *Superior Court* (Corte Superior) — *Room 6*; e *Ombudsman* (Ouvidoria de Justiça) — *Room 7*.

---

(10) *Ibidem*, p. 5.
(11) Frank E. A. Sander é professor emérito da *Harvard Law School*, considerado "o pai" em tema de *ADR* nos EUA, autor de vários livros, como: *Keep it out of court: resolving differences in-house* (Mantenha-o fora dos tribunais: Diferenças Resolvem-se em Casa), v. 8, n. 7 *Negotiation, the Newsletter of the Harvard Program on Negotiation* (Boletim do Programa Harvard de Negociação) 9 (2005). BORDONE, Robert C.; SANDER, Frank E. A. Bem como o famoso *Dispute Resolution Casebook* (Resolução de conflitos: negociação, mediação e outros processos), em coautoria com Stephen B. Goldberg, Nancy H. Rogers e Sarah Rudolph Cole, o qual ainda hoje é usado em escolas de direito em todos os Estados Unidos; a 5. ed. é de 2007.

E ainda lembrou a todos da qualidade central do instituto da mediação: a sua capacidade de reorientar as partes, sem a imposição de regras sobre elas, mas ajudando-as a alcançar uma nova percepção compartilhada de seu relacionamento, uma percepção que permitisse redirecionar suas atitudes e disposições reciprocamente.

Vale saber que o sistema mencionado na página anterior, idealizado por *Sander*, encontra-se atualmente em pleno uso e com muito sucesso nos Estados Unidos da América, nos seguintes estados: Colorado, Geórgia, Massachusetts, Texas e Washington, entre outros lugares — e internacionalmente na Nigéria e Cingapura.

Os efeitos práticos de tais eventos históricos nos EUA, como se percebe, são muito satisfatórios no decorrer dos anos seguintes com a sistemática implantação das *ADRs*, até os dias atuais, tendo evoluído bastante, com muitas entidades atuando com esse propósito. Dentre as 3 (três) entidades mais dedicadas — *American Arbitration Association, Association for Conflict Resolution* e *American Bar Association — Section of Dispute Resolution* — grande destaque ganha esta última, a *American Bar Association — Section of Dispute Resolution* (Seção de Resolução de Conflitos da *ABA*), até mesmo pela sua tradição (fundada desde 1878), conforme já se fez menção no início deste trabalho. Entretanto, a sua Seção de Resoluções de Conflitos só foi criada em 1993, mas é igualmente reconhecida mundialmente como a maior associação de profissionais voltados a solucionar controvérsias através do exercício dos meios pacíficos de resolução de conflitos, e, sobretudo, à formação de profissionais de alto gabarito para atuar neste mesmo mister. A Seção de *ADR* da *ABA* já tem atualmente cinquenta comitês incluindo Arbitragem, Mediação, Internacionais, Prática de Desenvolvimento, entre outros, e conta atualmente com quase 19 mil membros. A *ABA* costuma promover muitos eventos impulsionadores da mediação, a exemplo do que ocorreu em outubro de 2011, dias 12 a 22, na Semana da Mediação, cujo tema foi *Civilidade e Discurso Civil Público*, quando, sobretudo, foram comemorados os avanços alcançados na institucionalização da mediação como um dos vários processos de resolução adequada de disputa, e em que também se discutiu sobre o grande papel que mediadores e advogados desempenham para o desenvolvimento da sociedade quando põem em prática esse equivalente jurisdicional.

Enfim, a cultura da solução pacífica de conflitos nos Estados Unidos está tão evoluída, que desde 2008 já estão sendo processados os advogados que não cientificam seus clientes quanto à possibilidade de resolverem suas questões por meios alternativos (*ADRs*), ou seja, nesse país punem-se aqueles profissionais que só mostram como única saída o meio judicial, assim como ainda é a regra aqui no Brasil.

No Canadá, houve bastante influência dos EUA, que lhes serviu de exemplo, pois teve os seus modelos implantados quando foi dado início aos projetos de *ADRs*, com a mediação familiar e com os tribunais aceitando a ideia de recomendar a mediação como preliminar às decisões judiciais. Atualmente, o sistema de *ADRs* no Canadá está também bastante evoluído, assim como nos EUA, e os destaques são: as chamadas *Rules of Civil Procedure* (Regras de Procedimento Civil), normas atualmente encontradas na maioria das províncias canadenses, que servem para estimular as partes a negociarem o resultado do processo, e, se qualquer delas não aceitar a proposta de acordo da outra parte, aplicar-se-á uma sanção cível, como a majoração das custas processuais, caso por este motivo a controvérsia não alcance solução adequada; a mediação judicial em fase pré-processual (*pre-trial conference* — conferência ou audiência de pré-julgamento), em que um "Juiz-Mediador" dirige as negociações visando ao melhor resultado para ambas as partes, sabendo-se que este não é o mesmo juiz julgador; e por fim a criação do *ADR Institute of Canada (ADR Canada)*, uma organização nacional sem fins lucrativos que lidera no desenvolvimento e promoção de serviços de resolução pacífica de conflitos no Canadá e internacionalmente, é composta de 1.700 membros e 60 organizações empresariais e comunitárias, e possui 7 (sete) filiais regionais em todo o país, representando e apoiando os profissionais que também prestam estes serviços.

O Movimento de *ADRs* ou *RADs* na América Latina teve início na Colômbia em 1983, e hoje é um dos mais avançados no que diz respeito à arbitragem comercial e à conciliação privadas. As *ADRs* são regidas pelas seguintes legislações: Constituição colombiana (art. 116), Código Civil, Código de Processo Civil (CPC), bem como pelas Leis ns. 446/1998, 640/2001 e 1.285/2009. O Decreto n. 1.998, de 1818, instituiu o "Estatuto dos Métodos de resolução alternativa de litígios", que muitas vezes é considerado a regra fundamental que rege *ADR*. Além disso, o art. 59 da Lei n. 23/1991 afirma que o governo pode usar mecanismos de *ADR* para resolver questões com o setor privado. E, adotando essa sistemática, o sucesso se revelou também no âmbito da economia, pois, durante o primeiro trimestre de 2009, o Estado Colombiano economizou cerca de 18,5 milhões de dólares em despesas com o Judiciário.

O México tem um expressivo número de agências que se dedicam aos serviços de mediação e arbitragem.

Ainda em se tratando de América Latina, merece destaque o grande empenho do Poder Judiciário uruguaio, que, além da criação do Código Tipo para a América, celebrou um Convênio de Cooperação Interinstitucional entre o Ministério da Saúde Pública e a Suprema Corte de Justiça Uruguaia visando à integração das áreas da Saúde e Justiça, disponibilizando nos hospitais públicos um balcão de acesso ao Poder Judiciário, que é, sem dúvidas, uma verdadeira lição de humanização da Justiça, como bem afirmou a Min. Nancy

Andrighi em sua palestra. Valendo salientar que, com essa providência, constatou-se uma sensível redução de doenças psicossomáticas[12].

É oportuno ressaltar que seria extremamente importante a implantação de um sistema semelhante aqui no Brasil, não só em se tratando do Ministério da Saúde, mas também da integração do Judiciário com outros Ministérios que se mantêm o mais distante possível do cidadão, com trâmites administrativos altamente burocratizados, tornando-se assim praticamente inacessíveis ao cidadão, por mais simplórios que sejam os problemas a se solucionar. Em nosso sentir, o exemplo por excelência, porque oriundo de experiência própria, é o Ministério da Fazenda, no concernente aos serviços prestados pela Receita Federal do Brasil nas respectivas Secretarias da Receita Federal espalhadas pelos Estados da Federação, haja vista que a excelente estrutura informatizada, via de regra, só supre os interesses do próprio Poder Público, referente a cobrança de valores, parcelamento de dívidas etc. Mas quando o contribuinte precisa ser restituído de valores pagos a maior, por exemplo, tudo se complica e muito, pois, frise-se, ainda que este mesmo contribuinte tenha valores superiores a compensar junto à RFB, não existe nenhuma forma de conciliação ou mediação possível, haja vista que o contribuinte não consegue ter qualquer contato pessoal com as "autoridades fiscais" responsáveis, e nem com seus subordinados, para fins de solucionar pacificamente as controvérsias através do diálogo, uma vez que a maioria das questões, a exemplo das demandas oriundas das adesões aos parcelamentos com base na Lei n. 11.941/2009, só são resolvidas via requerimento comum (sem sequer fornecimento de formulário próprio) endereçado ao Ilustríssimo Sr. Delegado da Receita Federal "responsável na respectiva cidade de atendimento"! Enfim, a situação é realmente merecedora de atenção, uma vez que, como facilmente se percebe, a "humanização" em muitos setores da sociedade é simplesmente ignorada! E o povo, do qual emana, "em tese", "todo o poder", conforme a nossa Constituição Federal, em seu art. 1º, parágrafo único, continua sendo humilhado, maltratado e espezinhado de várias formas.

O Peru, também buscando solucionar seus problemas com a prestação jurisdicional, em 1994, com a ajuda do Banco Interamericano de Desenvolvimento (BID), formou a Associação Peruana de Negociação, Arbitragem e Conciliação.

A Resolução Alternativa de Disputas (RAD) tem sido reconhecida no Peru há bastante tempo, mas tem-se visto um aumento significativo nos últimos anos. De 1997 a 2002, a *USAID*[13] apoiou a adoção e aplicação de

---
(12) *Ibidem*, p. 8.
(13) A *USAID* comemorou 50 anos em 4 de setembro de 2011. É uma agência independente do governo federal norte-americano, com sede em Washington e escritórios em vários lugares do mundo. Seus esforços são direcionados a democracia, agricultura, governança, crescimento econômico, meio ambiente, educação,

mecanismos alternativos com foco na conciliação. No âmbito desse programa, a *USAID* financiou centros jurídicos e de conciliação do Ministério da Justiça, que forneceu serviços gratuitos de conciliação legal para a população mais carente em quase 700 mil casos. Isto, combinado com o apoio de grupos privados que promoviam a conciliação, resultou na formação de muitas resoluções de conflitos, 1.500 conciliadores e a criação de aproximadamente 570 centros de conciliação em todo o país. Em 2004, havia mais de 17 mil credenciados conciliadores privados e 615 centros de conciliação públicos e privados no Peru. Nos últimos dez anos houve um aumento impressionante, tanto no número de casos submetidos à arbitragem como em amplitude do assunto, alcançando inclusive matérias como: transporte marítimo e aéreo, bancos, seguros, comércio, concessões, contratos com o Estado e os investimentos internacionais.

Os principais objetivos da introdução de conciliação prévia obrigatória ao processo contencioso do Peru foi promover uma cultura de conciliação entre a população e reduzir o número de casos nos tribunais, incrementando o acesso à Justiça e o tempo na solução das controvérsias.

Na Europa também há preocupação com a crise do Judiciário, principalmente em virtude da sobrecarga em seus tribunais. Então, no intuito de buscar soluções a Comunidade Europeia, em 1986, através do Conselho Europeu, encaminhou aos seus Estados-Membros uma recomendação do Conselho de Ministros, sugerindo que fossem estudados mecanismos alternativos para o tratamento de conflitos, dando ênfase à mediação.

Em Portugal existem diferentes tipos de resolução alternativa de litígios (RAD) disponíveis, como conciliação, mediação e arbitragem voluntária e institucionalizada. Em relação à mediação existe um organismo governamental centralizado responsável por sua regulação — o Gabinete para a Resolução Alternativa de Litígios (GRAL), que é um departamento do Ministério da Justiça.

Na Alemanha, o Poder Judiciário, também abalado pela referida crise, resolveu convidar um de seus respeitados processualistas Fritz Bauer[14], para

---

saúde, parcerias globais e assistência humanitária em mais de 100 países, com o objetivo de proporcionar um futuro melhor para todos. A *USAID* trabalha em estreita parceria com organizações privadas voluntárias, organizações indígenas, universidades, empresas americanas, agências internacionais, outros governos e outras agências do governo dos EUA, e tem relações de trabalho com mais de 3.500 empresas americanas e mais de 300 organizações voluntárias privadas norte-americanas. A *USAID* presta assistência em cinco regiões do mundo: África subsaariana, Ásia, América Latina e Caribe, Europa e Eurásia, e Oriente Médio. Disponível em: <http://www.usaid.gov> Acesso em: 19.10.2011.
(14) Fritz Bauer nasceu em 16.6.1903, em Stuttgart, Reino de Württemberg, Império Alemão, e faleceu em 1º.7.1968. Depois de conquistar título de doutor em Direito, Bauer tornou-se assessor de juiz no Tribunal Distrital de Stuttgart. Em 1956, ele foi nomeado para o cargo de promotor público em Hessen, com sede em Frankfurt, onde permaneceu até sua morte em 1968. Teve sua biografia publicada em 2010, e um filme que traz abordagens sobre ele estreou no Festival de Cinema de Berlim. Foi Fritz Bauer

sugerir a modernização da instituição. Então ele o fez, estruturando-a sobre seis pontos principais: informalidade em favor da verdade; oralidade; especialização; simplificação; utilização de formulários e do correio; e valorização dos auxiliares do juiz.

É ampla a disponibilidade de mecanismos não judiciais de solução de controvérsias na Alemanha; o governo busca sempre estar em perfeita sintonia com os jurisdicionados através do chamado *Bürgernähe,* que significa: "proximidade com os cidadãos". O direito de petição às autoridades públicas é assegurado no art. 17 da Lei Fundamental alemã (*Grundgesetz*). Além da oportunidade de enviar cartas a políticos, qualquer pessoa, seja alemã ou estrangeira, pode apresentar petições a autoridades do governo, as quais serão analisadas formalmente, pois agências do governo alemão são legalmente obrigadas a responder por escrito a todos os peticionários.

E, atualmente, em termos gerais, a mediação é permitida sempre que as partes estiverem autorizadas a utilizar métodos alternativos de resolução de litígios. As matérias mais comuns são o direito da família, o direito das sucessões e o direito comercial.

Já o Poder Judiciário espanhol iniciou a tentativa de solucionar o seu problema procedendo a uma investigação denominada Economia da Justiça e Política Judicial, a qual recebeu valiosas observações do Prof. Santos Pastor, Catedrático da Universidade Carlos II, de Madri, acerca do custo de litigar e, ainda, como deve ser o comportamento estratégico do Poder Judiciário. E, direcionados à melhoria da política judicial, afirmam que uma forma de minimizar os custos da prestação jurisdicional é, além da modernização das normas processuais, assegurar um funcionamento adequado das instituições que administram a Justiça. Enfatiza-se ainda o teor do conteúdo da vigente Constituição espanhola, qual seja, "é dever do Estado, subscritor da Convenção Internacional dos Direitos Humanos, maximizar a eficácia do serviço judiciário mediante a diminuição dos custos do litigar e a correspondente expansão de acesso à Justiça"[15].

Na Espanha, atualmente, para resolver um litígio, o recurso aos tribunais deve ser considerado em último caso, na medida em que implica despesas

---

quem idealizou o Modelo de Stuttgart (*Stuttgarter Modell*), o qual desde 1967 foi implantado na Alemanha; então, a concentração de atos e a celeridade processual foram definitivamente incorporadas ao § 282 do *Zivilprozessordnung* ou *ZPO* — código de processo civil alemão (TUCCI, 2002). E, com a evolução processual e sucessivas reformas do ZPO, em especial a de 2001, inseriu-se a audiência *Güteverhandlung* (audiência extrajudicial ao início do procedimento ordinário, que significa "boa negociação") no *codex* processual civil germânico (§ 278, abs. 2, ZPO), tornando-se obrigatória a realização desse ato processual em todos os casos cíveis na primeira instância (WEGEN; GACK, 2006).
(15) Fonte: Palestra proferida pela ministra do STJ Fátima Nancy Andrighi, na *VII Semana Jurídica da Faculdade de Direito Álvares Penteado*, São Paulo, 18 de abril de 2005. Disponível em: <http://bdjur.stj.gov.br> Acesso em: 14.11.2006.

(custas judiciais) e tempo (prazos judiciais e eventuais atrasos conjunturais inerentes à administração da justiça). É sempre preferível tentar a título prévio uma solução extrajudicial ou amigável. A própria legislação espanhola propicia o recurso a estas medidas alternativas, favorecendo o acesso a elas e tornando-as mesmo obrigatórias em alguns casos antes de se poder recorrer a tribunal, como em certas reclamações de caráter laboral.

A Inglaterra, na mesma tentativa de combater a crise na prestação jurisdicional, em 1990, fundou o Centro de Resolução de Disputas para formar mediadores e para atuar como eliminadores de conflitos através da mediação. E, atualmente, na Inglaterra e no País de Gales a mediação é muito valorizada, facilitando bastante a resolução de conflitos, inclusive o próprio Ministério da Justiça é o responsável pela política de mediação, assim como pela sua promoção. As principais áreas onde a mediação é admitida são as seguintes: civil, comercial, familiar, laboral e comunitária. Portanto, na Inglaterra é possível resolver um litígio sem ir a tribunal. Agora, se as partes não conseguirem resolver esse litígio de forma amigável, poderão naturalmente recorrer a um tribunal, mas poderão também optar por um modo alternativo de resolução de litígios, tal como a mediação ou a conciliação. Por vezes, o recurso aos modos alternativos de resolução de litígios é obrigatório por lei ou imposto eventualmente na sequência de uma decisão judicial, mas de uma forma geral decorre da vontade das pessoas em litígio.

Na França, já na década de 1970, o Ministério da Justiça a fim de fomentar o acesso à Justiça, eliminando o obstáculo da onerosidade, suprimiu a cobrança de custas processuais, o que facilitou bastante a vida dos jurisdicionados. Em 1996, o Código de Processo Civil Francês autorizou que o juiz convocasse uma terceira pessoa para escutar as partes e confrontar seus pontos de vista permitindo-lhes, dessa forma, encontrar uma solução oriunda do tradicional jeito de resolver disputas pela negociação, são os chamados *conciliateur*, os quais inclusive fazem oitiva de testemunhas.

E, atualmente, na França é ampla a utilização tanto da conciliação como da mediação na maioria dos casos, inclusive a mediação pode intervir nos âmbitos extrajudicial e judicial. Quando intervém neste âmbito, a mediação é regulamentada pelos arts. 131-1 e seguintes do Novo Código de Processo Civil e decorre sob o controle do magistrado. Assim, qualquer juiz responsável pela resolução de um litígio pode, com o acordo das partes, recorrer à mediação: designa para esse efeito um mediador, terceiro qualificado, imparcial e independente, o chamado *mediateur*, que é considerado como um auxiliar do juiz.

Na África as ADRs prosperaram bastante, e, atualmente, existem várias instituições voltadas à solução pacífica dos conflitos. Exemplo podemos citar: *Africa ADR* — foi criado em conformidade com as resoluções da Assembleia

Geral das Nações Unidas que incentivam o uso de métodos alternativos e apropriados para a resolução de litígios civis, e foi estabelecida em uma conferência nas Ilhas Maurício, onde participaram representantes das profissões jurídicas da África do Sul e Ilhas Maurício, bem como das instituições arbitrais de quatro países africanos (Mauritius, Moçambique, República Democrática do Congo e África do Sul); *AFSA (Arbitration Foundation of Southern Afric)* — a Fundação de Arbitragem da África Austral, fundada em 1996, é a líder nacional em todos os tipos de resolução de conflitos; *DRC (Dispute Resolution Centre)* — o Centro de Resolução de Disputas no Quênia, fundado em 1997 em virtude da necessidade crescente no leste da África para uma nova dimensão na resolução de controvérsias, visando promover a reconciliação e cortando o custo do conflito em termos de tempo e dinheiro. Posteriormente, o *DRC* evoluiu para uma instituição de longo alcance empenhada na difusão dos meios de prevenção, gestão e resolução de conflitos em uma ampla gama de setores: rural, comercial, político, jurídico, religioso, judicial, acadêmico e doméstico, e, atualmente está empenhada na prestação de serviços *ADR* profissionais, bem como treinamento e consultorias para as comunidades, nos setores público e privado de 20 países ao redor do mundo. O DRC ou RDC é também fundador da Associação de Mediação Africano (AFMA) para a África Oriental e Central, e serve como escritório regional desta.

Na China, em 1949, quando a República Popular da China foi estabelecida, a nova liderança comunista incorporada ao sistema socialista adotou novo regime jurídico dos processos tradicionais de mediação, em particular através do estabelecimento de Comitês Populares de Mediação (PMC) em nível de comunidade ou vizinhança e no local de trabalho. Já se estabeleceu mais de um milhão de PMCs em todo o país, contando com algo em torno de 7 mil mediadores atuantes na resolução de litígios.

Vale lembrar que a doutrina filosófica e moralista de Confúcio[16], confiante na possibilidade da construção de um paraíso na Terra, influenciou sobremaneira os chineses antigos, que já praticavam a mediação em âmbito familiar e comunitário.

Atualmente, os serviços de mediação e arbitragem são amplamente utilizados e promovidos por *Hong Kong International Arbitration Centre*, *The Beijing Arbitration Commission*, bem como pela *China International Economic*

---

(16) Confúcio é o nome latino do pensador chinês Kung-Fu-Tse ou Kung-Fu-Tzu, filósofo, moralista e teórico político, fundador do "Confucionismo", nascido em 28 de setembro do ano 551 a.C., e falecido em 479 a.C. O grande "Mestre *Kong*" influenciou praticamente toda a Ásia Oriental com a sua doutrina e filosofia que enfatizava a moralidade das pessoas e dos governantes, e a exatidão nas relações sociais, a justiça e a sinceridade. Valores estes que ganharam muita relevância na China. O "Confucionismo" foi introduzido na Europa pelo jesuíta italiano Matteo Ricci, que foi o primeiro a latinizar o nome do pensador como "Confúcio".

and Trade Arbitration Commission, South China Sub-Commission Beijing Arbitration Commission.

O Japão também já tem uma tradição de resolver os conflitos de forma pacífica, não contenciosa, o que vem mantendo um histórico de processos solucionados por compromisso de conciliação e mediação. Hoje a sociedade japonesa ainda é considerada como não litigiosa e de processos com pouca duração dos litígios. As relações sociais no Japão são definidas pela harmonia, resultando em fortes expectativas de que não surjam conflitos. Mas, caso aconteçam, as normas sociais exigem que eles sejam resolvidos por entendimento mútuo. Métodos pacíficos de solução de controvérsias (*ADR's*) foram incorporados ao Código de Processo Civil Japonês. É realmente um ótimo exemplo a seguir, pois é um sistema judicial que tem como nota marcante a simplicidade, e a prestação jurisdicional é pautada na humanização e na busca da pacificação social, com resultados bastante satisfatórios em comparação aos países que ainda prezam pela "guerra jurídica" ou alto grau de litigiosidade na solução dos conflitos intersubjetivos em âmbito judicial.

Os principais métodos de *ADR* no Japão contemporâneo são de conciliação (Chotei), compromisso (Wakai), arbitragem (Cusai), e através de tribunais de trabalho (Rodo shinpan). Todas são alternativas disponíveis em relação a processos preexistentes.

Na Coreia, os altos custos da atividade jurisdicional estatal fomentaram a busca de novas formas de solução de conflitos. Nesse diapasão, foram criadas três formas de resolver controvérsias com estilos bem peculiares: o compromisso, a mediação e a arbitragem. Vale dizer que a mediação, a exemplo do que se pretende implantar aqui no Brasil, com o Projeto que ainda está em trâmite para aprovação no Congresso Nacional, é promovida pelos Tribunais como fase preliminar ao processo.

Na Austrália, em 1990, vasto relatório foi elaborado pelo Procurador Geral da República, propondo a extensão de *ADRs* ao trabalho nos tribunais, em razão dos bons resultados obtidos, na prática, pelo Centro Comercial de Disputas e pela Entidade de Advogados Engajados em Resoluções Alternativas de Disputas.

Na Índia já existem regras do Tribunal Indiano para disciplinar as *ADRs*, cujas últimas alterações foram feitas em janeiro de 2011. Nesse país, há uma história de resolução de conflitos através da mediação (conhecida como *Panchayat*), conduzida por anciãos das aldeias, onde as decisões eram obrigatórias muitas vezes como um símbolo de respeito à pessoa idosa. Os tribunais antigos eram chamados Kula, Sreni e Gana e serviram como uma plataforma para a resolução de conflitos. Até mesmo antigas escrituras fornecem uma visão única para a prevalência e relevância de resolução pacífica de conflitos na sociedade. Iniciativas já estão sendo tomadas pelo governo para reformar o sistema e colocá-lo em sintonia com os tempos modernos.

Cada vez mais, os métodos mais modernos de *ADR* são usados. O Código de Processo Civil Indiano de 1908 permite a resolução de conflitos fora dos tribunais: o juiz pode formular os termos de uma solução possível e encaminhá-la para a arbitragem, mediação, conciliação ou oficiais *settlement*. O Governo indiano já iniciou processos marcantes como missão jurídica nacional para agilizar o sistema legal, incorporar mais juízes e incentivar a *ADR*.

Entretanto, o instituto que mais nos chama a atenção na Índia é o *Lok Adalats* (traduzido literalmente como "tribunal popular") no qual não há custas judiciais ou rígidos requisitos processuais. Os *Adalats Lok* permitem a resolução mais barata e mais rápida dos litígios. Além disso, as partes podem interagir diretamente com o juiz, o que não é possível em tribunais regulares. O foco deste instituto é direcionado à obtenção de um compromisso entre as partes, e só quando o compromisso não é alcançado, a lide é remetida ao tribunal. No entanto, quando um compromisso é alcançado, as decisões são obrigatórias para as partes e executáveis como decisão de um tribunal civil, e são definitivas, não podem ser objeto de recurso.

Em relação ao Brasil, em se falando de evolução do Poder Judiciário brasileiro, concordo e apoio plenamente a Excelentíssima ministra do STJ Fátima Nancy Adrighi, a qual, em Palestra proferida no Primeiro Congresso Internacional de Arbitragem/2002[17], foi veemente ao afirmar que:

> [...] a mais importante modernização experimentada pelo Poder Judiciário desde as Ordenações Filipinas até 1984 foi a incorporação do uso da máquina de escrever como instrumento de agilização do processo.

Reconhecendo, todavia que:

> [...] sem medo de ser injusta ou equivocar-me, foi em 1984 com a criação dos Juizados de Pequenas Causas que ocorreu a mais significativa mudança no Judiciário brasileiro, porque abriu mais uma porta de acesso ao Poder Judiciário.

Todavia, nos dias atuais, vislumbro também que outros significativos passos já foram dados neste sentido de modernizar o nosso ordenamento jurídico, um deles com a edição da Lei n. 9.307/1996, a Lei de Arbitragem, chamada também de Lei Marco Maciel, a qual completou 15 anos em 2011, e,

---

(17) Palestra proferida no Primeiro Congresso Internacional de Arbitragem. Bauru, 23 de maio de 2002. *Arbitragem:* instrumento da cidadania e da paz social. Disponível em: <http://bdjur.stj.gov.br> Acesso em: 14.11.2006.

portanto já poderia ter sido um excelente "pontapé" rumo a um caminho certamente bem-sucedido para o Judiciário brasileiro. Mas, como tantas outras fantásticas leis promulgadas, também levou bastante tempo para ser aplicada —, não me refiro ao tempo de *vacatio legis*, mas ao "período de letra morta", ao tempo que passou sem uso e sem eficácia alguma, um longo tempo literalmente apenas como "lei em tese", praticamente adormecida, uma vez que, apesar de já ter idade suficiente para concretamente surtir excelentes resultados, seu tempo de existência é inversamente proporcional ao seu atual estágio de uso, modernização e efetividade. Apesar dos esforços de muitos, em comparação com outros países, aqui no Brasil, sua divulgação, seu uso e sua efetividade ainda são muito restritos e discretos.

E igualmente não podíamos deixar de registrar a grande evolução e ampla divulgação que ganhou o instituto da conciliação aqui no Brasil com o incremento iniciado pelo Conselho Nacional de Justiça[18], desde 2006, através das campanhas anuais da Conciliação em todo o país. Inicialmente foi criado o Dia Nacional da Conciliação; atualmente, já evolui para Semana Nacional de Conciliação, cujos resultados obtidos são surpreendentes e as estatísticas serão ainda abordadas em capítulo próprio desta obra, como não poderia deixar de ser, pois nos revelam um grande avanço rumo à plena sistematização das *ADRs* no Brasil.

Não podemos deixar de reconhecer ainda que as Reformas de 2004, trazidas pela EC n. 45, chegaram em tempo oportuno e nos proporcionaram grandes avanços. Dentre outros, um deles, em nosso sentir merece destaque: a criação do Conselho Nacional de Justiça, haja vista que desde a sua implantação vem desempenhando um excelente trabalho em prol da humanização da Justiça, que é indubitavelmente "o caminho de luz", pelo qual já deveria ter iniciado sua trilha o nosso Poder Judiciário, pois só assim conseguiremos vencer essa grande crise processual que há tantos anos nos maltrata, e termos a esperança de que desta forma alcançaremos a plena Justiça e a Paz social tão sonhadas.

E, acreditem, não são devaneios "kantianos", nem muito menos sofismas inconsequentes, é silogismo apodíctico e categórico. São perspectivas sólidas, muito bem fundamentadas inclusive por Immanuel Kant, Nathan Roscoe Pound e outros eminentes estudiosos nas áreas da Filosofia, da Sociologia e do Direito, porque, uma vez concretizada a humanização da Justiça, teremos a condição de ressuscitar os grandes pilares de uma sociedade bem estru-

---

(18) Conselho Nacional de Justiça (CNJ) é o órgão do Poder Judiciário brasileiro encarregado de controlar a atuação administrativa e financeira dos demais órgãos daquele poder, bem como de supervisionar o cumprimento dos deveres funcionais dos juízes. O CNJ foi criado pela Emenda Constitucional n. 45, de 30 de dezembro de 2004, que incluiu o art. 103-B na Constituição Federal do Brasil de 1988. E, desde então, o CNJ vem cumprindo muito bem o seu papel, desenvolvendo ações e projetos destinados a garantir o controle administrativo e processual, a transparência e o desenvolvimento do Judiciário.

turada, de um ordenamento jurídico sério, voltado verdadeiramente aos fins para os quais foi criado, pilares estes que são exatamente os valores morais, a dignidade da pessoa humana e, essencialmente, a valorização das Leis Naturais, as quais, apesar de regerem o Universo, que por isso mesmo sempre está em perfeita harmonia, são ignoradas pelas grandes sociedades modernas, as quais, ou quedam fracassadas por não dar-lhes o devido valor, ou findam, compulsoriamente, por se renderem a elas, simplesmente porque, por si sós, acabam percebendo que, não obstante fantásticos progressos tecnológicos e da "racionalidade" da raça humana, "delas" não podem prescindir, dado o incontrolável estado de desequilíbrio que sua transgressão ocasiona, haja vista que, acima de qualquer coisa, não podemos olvidar: **somos seres espirituais na essência, e por isso mesmo nunca poderemos, simultaneamente, deixar-nos conscientemente escravizar por mecanismos ou sistemas criados pelo homem, a ponto de nos tornamos seres robóticos (insensíveis), e querermos alcançar a Paz e a Felicidade da forma como as almejamos como seres humanos!**

Portanto, em nosso sentir, abrir mão ou menosprezar a implantação de métodos de humanização da prestação jurisdicional como principal forma de debelar a crise do Judiciário e do processo para alcançar a Paz social e a plena Justiça é renunciar à própria condição de ser humano.

Além da EC n. 45/2004, não podemos ignorar algumas alterações também necessárias, realizadas logo em seguida, em 2005, 2006 e 2007, no nosso Código de Processo Civil, principalmente em relação à adoção de um processo sincrético, bem como os esforços empreendidos pelo Ministério da Justiça (Secretaria de Reforma do Judiciário) juntamente com o Conselho Nacional de Justiça, quanto à valorização e fomento da mediação judicial em nosso ordenamento, através da publicação em 2009 do Manual de Mediação Judicial, o qual traz proveitoso conteúdo sobre o instituto da mediação.

1.1. SOLUÇÕES INEFICAZES: AS INTERMINÁVEIS REFORMAS LEGISLATIVAS

> *The wrong which began a thousand years ago is as much a wrong as if it began today, and the right which originates today is as much right as if it had the sanction of a thousand years.*
>
> *(O erro que começou há mil anos é tão errado como o que começa hoje, e o certo que surge hoje é tão certo como se tivesse a sanção de séculos.)*
>
> Thomas Paine (1737-1809)

No Brasil, tratando-se de crise da Justiça, persiste-se no mesmo erro há muitos anos. As soluções propostas são sempre as mesmas comprovadamente ineficazes para os mesmos antigos problemas do Poder Judiciário, qual sejam: reformas e mais reformas na legislação pátria já tão abarrotada de leis, decretos, medidas provisórias, códigos, etc. que trazem, indubitavelmente, excelentes textos e ótimas intenções, a exemplo da Lei de Arbitragem, mas que nunca conseguem mudar o quadro fático da situação, simplesmente porque sempre entram em vigor, como já foi dito, primeiramente "em tese", e assim passam um longo e, pode-se dizer, tenebroso período literalmente adormecidas, juridicamente mortas na prática. Mas, para modificar e modernizar a estrutura do ordenamento jurídico onde essas leis deverão atuar, bem como para atualizar a cultura da própria sociedade brasileira, nada se faz, ou pelo menos nada se fazia antes do surgimento do Conselho Nacional de Justiça. Então, por isso, enquanto a população vai crescendo, a crise do Judiciário e do processo, a passos largos, vai se agravando e se tornando colossal, atingindo um grau de ineficiência e insatisfação quase incontrolável...

Portanto, pode-se perceber que o cerne da problemática ora enfocada não é tão complexo assim. Essas novas leis não prosperam nem surtem os efeitos esperados por não encontrarem terreno fértil, ou seja, meios adequados para alcançarem seus fins, simplesmente porque a estrutura basilar da instituição não muda. Estão envelhecidos os pilares de sustentação, os mecanismos em uso que movimentam a máquina judiciária não se modernizam para atenderem às novas demandas. Essas reformas legislativas, apesar de algumas delas serem até muito bem-intencionadas, "sozinhas", "por si sós", não podem garantir a eficácia e a efetividade desejadas pela sociedade.

E, sem falar da falta de critério e de ética com que muitas vezes estas leis que integram tais reformas são "analisadas" e "votadas" por nossos parlamentares, fazendo com que instantaneamente recordemos da famosa frase "atribuída pela maioria dos que a citam" a Otto von Bismack[19]: "Leis, são como salsichas, deixam de inspirar respeito na proporção em que sabemos como são feitas"[20].

---

(19) Otto Leopold Edvard von Bismarck-Schönhausen nasceu em Schönhausen, 1º.4.1815, e faleceu em Friedrichsruh, Aumühle, 30.6.1898. Foi um nobre, diplomata e político prussiano e uma personalidade internacional de destaque do século XIX. Bismarck ficou também conhecido como o Napoleão da Alemanha e como o Chanceler de Ferro (Eiserner Kanzler).

(20) Frequentemente, muitos profissionais citam a referida frase ou outras similares, mas com o mesmo sentido, atribuindo-a ao famoso político alemão Otto von Bismack, como tendo sido uma crítica sua ao sistema legislativo já naquela época. Todavia, quanto a isso, vale ressaltar que, conforme Fred A. Shapiro, da Yale Law School — editor dos livros: *The Yale book of quotations*, do premiado *The Oxford Dictionary of American Legal Quotations*, dentre muitos outros considerados como fontes confiáveis de referência sobre estes assuntos concernentes a citações e *slogans* famosos atribuídos a políticos, juízes, jornalistas, etc. — em artigo de sua autoria publicado no *The New York Times*, em 21.7.2008 <http://www.nytimes.com/2008/07/21/magazine/27wwwl-guestsafire-t.html>, essa frase é originalmente atribuída a John Godfrey Saxe (2.6.1816 – 31.3.1887), de acordo com o *Dayly Cleveland Herald* em 29 de março de 1869; portanto, não seria de autoria de Otto von Bismack, tendo na verdade apenas começado a ser atribuída a ele a partir de 1930.

Nesse diapasão, pode-se considerar que o nosso Poder Judiciário "ainda" está atualmente na UTI, e diante disso, pergunto: *como podemos curar um doente acometido de moléstia, que, não obstante seja curável, é de gravidade incontestável, administrando-lhe desesperadamente medicamentos fortíssimos de última geração, sem qualquer critério e sem alimentá-lo adequadamente?* A resposta, com certeza, é que será impossível, pois, dessa forma, com o doente debilitado e sem qualquer resistência imunológica, é inevitável, mas perfeitamente previsível, que padecerá lentamente até seu óbito. Pois, uma "medicação", por mais eficiente que possa ser, para atuar e alcançar o resultado que dela se espera, precisa, necessariamente, de um organismo com uma mínima estrutura apta a suportá-la. Do contrário, essa tal medicação não passará de uma grande expectativa de cura, pois acabará surtindo efeito antagônico e irá acelerar a morte do moribundo ao invés de curá-lo, simplesmente porque agirá como um poderoso e eficaz veneno letal...

Em nossa visão, exatamente na situação acima descrita encontra-se o Poder Judiciário pátrio, abastado de excelentes institutos jurídicos e legislações modernas, no entanto sem a mínima estrutura para administrá-los com sucesso e sem adotar meios alternativos que lhe dê um sólido suporte. Em outras palavras, o Judiciário brasileiro, surpreendentemente, passou a agir posicionando-se em sentido diametralmente oposto a uma das mais famosas máximas maquiavélicas aplicáveis ao Estado e suas funções precípuas, e vem seguindo seu rumo demonstrando cada vez mais que: "os fins *não* justificam os meios".

É oportuno ressaltar que o italiano Nicolau Maquiavel (Niccolò di Bernardo dei Machiavelli, maio de 1469 — junho de 1527), ao concluir que "os fins justificam os meios", não quis dizer que qualquer atitude é justificada dependendo do seu objetivo. Isso seria totalmente absurdo! O que Maquiavel quis dizer foi que os fins determinam os meios, que é de acordo com a relevância do objetivo que se pretende alcançar que se deverão ser traçados os planos e as estratégias capazes e adequados para os relevantes fins.

Seguindo essa interpretação da máxima de Maquiavel, defendemos veementemente a adoção permanente e efetiva dos meios alternativos de solução pacífica das controvérsias no âmbito da prestação jurisdicional para exterminar os germes dessa crise do Poder Judiciário e do processo em geral, visando, através da implementação de meios nobres — como é o da humanização da Justiça —, revitalizar o nosso querido Poder Judiciário; ressuscitando sua moralidade e autoridade, e, consequentemente resgatando sua dignidade e hegemonia perante toda a sociedade, buscando fielmente atingir os fins traçados na vigente Lei Fundamental do Estado Brasileiro, seus objetivos primordiais e fazendo valer "no caso concreto" os ditos direitos fundamentais como sendo realmente essenciais ao Estado Democrático de Direito.

1.2. Soluções eficazes: reformas legislativas com efetiva adoção de sistemas alternativos de resolução pacífica dos conflitos (RAD/ADR)

> *Uma legislação adequada não terá êxito se não estiver acompanhada de uma mudança de mentalidade e de uma estrutura administrativa que facilite a arbitragem [...].*
>
> Alejandro Garro[21]

De início, faz-se mister esclarecer o que significa exatamente "sistemas ou meios alternativos de solução de conflitos": em apertada síntese, pode-se dizer que é a democratização do acesso à Justiça; é a concretização do chamado novo enfoque do acesso à Justiça, da terceira onda de acesso à Justiça conforme Cappelletti; é a administração alternativa de litígios, ou seja, a adoção de iniciativas pacíficas pautadas em um modelo extrajudicial de mediação, conciliação ou arbitramento de conflitos, entre outros, por via negocial, restaurativa ou de compensação.

Enfim, são métodos de resolver litígios que se contrapõem totalmente aos modelos tradicionais usados pela Justiça comum, que, além de adjudicatórios e retributivos, são morosos, adversativos, desarmônicos e fomentadores de desavenças. Por isso mesmo, os sistemas alternativos representam modernamente um importante e promissor caminho para a oferta de soluções pacíficas e justas às controvérsias, e, melhor: de fortalecimento e manutenção da coesão social, objetivando alcançar paz e justiça social verdadeira.

Conforme o professor José Luís Bolzan de Morais:

> [...] os defensores destes mecanismos colocam a sua incorporação como condição para o funcionamento adequado da justiça, tanto no âmbito privado como no público, afinal o modo mais primitivo de resolver controvérsias não foi o judicial, este é que se tornou alternativo aos primeiros métodos, dos quais se procederá a sua evolução oportunamente. Afirmam, ainda, que não objetivam a exclusão ou superação do sistema tradicional, apenas visam a sua complementação para melhor efetivação de resultados.

Atualmente, no Brasil, conhecemos os seguintes sistemas alternativos da resolução de conflitos: conciliação, negociação, arbitragem e mediação. Dentre eles, apenas dois já estão disciplinados no direito positivo, quais sejam: a conciliação, que está presente em vários artigos da nossa Lei Adjetiva Civil ora em vigor, como: art. 125, inc. IV, art. 277, art. 331, arts. 447 e 448; a

---

(21) Alejandro M. Garro, professor de Direito da Columbia Law School desde 1981. Suas áreas têm foco no ensino de direito comparado e do direito comercial internacional.

arbitragem, que desde 1996 tem legislação própria, a Lei n. 9.307/1996, cognominada de Lei Marco Maciel, porque foi seu autor e quem realmente muito se empenhou para fazê-la tramitar com sucesso no Congresso Nacional e ao final obter a sanção presidencial, conforme será abordado em capítulo próprio mais adiante.

Vale salientar que, a respeito da crise do Poder Judiciário, o próprio Ministério da Justiça tem exatamente a mesma visão e perspectivas ora externadas neste trabalho, bastando para comprovar isso proceder à leitura do texto abaixo reproduzido, que corresponde à íntegra da *Apresentação* do Relatório que o Ministério da Justiça elaborou ainda em 2005, enfocando as vantagens e necessidades da adoção de sistemas alternativos de acesso à Justiça em conjunto com as reformas legislativas, bem como alguns resultados percebidos através de um mapeamento nacional dos programas governamentais e não governamentais existentes no Brasil nesse sentido[22], senão vejamos:

> Em 2004 o Ministério da Justiça apresentou um diagnóstico do Poder Judiciário no qual se comprova por dados consistentes aquilo que já se sabia há algum tempo: o Judiciário tem grandes dificuldades de prestar um serviço eficiente para a sociedade. O enorme aumento de demandas judiciais ao longo dos últimos 15 anos não foi acompanhado de medidas que preparassem a estrutura judiciária do país para uma prestação satisfatória.
>
> A situação é tão grave que provoca danos não apenas no direito a uma prestação judiciária eficiente, mas afeta de forma séria a vida de todos os cidadãos, inclusive aqueles que não estão envolvidos em nenhuma lide específica. Há pesquisas que comprovam que a lentidão do Judiciário interfere em questões tão díspares quanto o combate à criminalidade e a dificuldade para se reduzir as taxas de juros.
>
> Felizmente a sociedade brasileira parece ter tomado consciência do problema. O tema tem sido amplamente discutido em diversos fóruns e, no final de 2004, em um momento inédito, os três poderes da República se reuniram para assinar o "Pacto de Estado por um Judiciário mais Rápido e Republicano".
>
> É por isso que o Ministério da Justiça do governo Luiz Inácio Lula da Silva tem tratado a Reforma do Judiciário como uma de suas prioridades. Isso se reflete, por exemplo, na criação de uma secretaria específica para o tema. A Secretaria de Reforma do Judiciário

---

(22) ALMEIDA, Frederico Normanha Ribeiro de et al. *Acesso à justiça por sistemas alternativos de administração de conflitos* — mapeamento nacional de programas públicos e não governamentais. Ministério da Justiça Brasil, 2005. p. 7-8.

tem colaborado decisivamente no processo de reforma, que teve como primeiro passo a aprovação da Emenda Constitucional n. 45, em 2004.

A Reforma Constitucional foi aprovada no Congresso Nacional, com o apoio do governo, e espera-se que a sua real implementação já apresente resultados robustos em um futuro próximo.

Além disso, é fundamental que não se perca de vista o fato de que ainda há muito a ser feito para que se construa um Judiciário melhor. O Presidente da República enviou ao Congresso Nacional algumas dezenas de projetos com alterações na legislação processual brasileira, visando, sobretudo, agilizar os procedimentos.

No entanto, olhando com atenção o problema do Judiciário brasileiro, percebe-se que a simples reforma legislativa não será suficiente para torná-lo mais célere e democrático. É preciso uma verdadeira revolução institucional, por meio da qual aquele poder se imbrique de uma nova cultura, adotando modos diversos de solução de conflitos. Já é passada a hora de o Brasil incorporar aquilo que o mestre Cappelletti chamou de terceira onda do acesso à Justiça, centrada não apenas na estrutura clássica do Judiciário, mas **"no conjunto geral de instituições e mecanismos, pessoas e procedimentos utilizados para processar e mesmo prevenir disputas nas sociedades modernas".** [Grifo nosso]

Daí a importância de uma pesquisa da natureza desta que apresentamos. Sem um fortalecimento expressivo dos mecanismos alternativos de resolução de conflitos, o Judiciário continuará sofrendo a situação absurda de uma quantidade não absorvível de pretensões e, ao mesmo tempo de uma demanda reprimida de milhões de pessoas sem acesso à Justiça. Os meios alternativos podem contribuir nas duas pontas do problema, tirando alguns conflitos da estrutura clássica do Judiciário e resolvendo aqueles que nunca chegariam a ela.

Por tal razão, esperamos que este estudo possa ser uma importante ferramenta para todos aqueles que desejam aprimorar os métodos extrajudiciais de resolução de disputas.

Márcio Thomaz Bastos
Ministro de Estado da Justiça

Portanto, podemos concluir que não somos os únicos nem os pioneiros a revelar tamanha lucidez em relação à gravidade dos problemas enfrentados pelo Poder Judiciário brasileiro, pois, como pode-se comprovar pela declaração do então Ministro Márcio Thomaz Bastos, na íntegra anteriormente reproduzida, o Ministério da Justiça já vem demonstrando também que está devidamente consciente dessa situação caótica e, fundamentadamente, convencido de que o caminho é exatamente substituir a estrutura tradicional do nosso Poder Judiciário por uma estrutura mais moderna e humanizada, sem, contudo, desvalorizar o sistema tradicional.

Então, como se vê, não estamos sozinhos também na adoção dessa linha de pensamento humanista e em busca do objetivo que aqui se propõe, pois, a exemplo de outros respeitados juristas nacionais já citados neste trabalho, selecionamos abaixo outras opiniões em perfeita harmonia nesse sentido, senão vejamos:

— a ilustríssima Ministra do STJ, Fátima Nancy Andrighi, com a sinceridade e lucidez que lhes são peculiares, em uma de suas palestras, acertadamente asseverou:

> A democratização da justiça se impõe, sob pena de inviabilizarmos a convivência social e até fracassarmos na função precípua de propiciar a paz social e até (com isso) permitir que alguém possa pensar que somos desnecessários no contexto do Estado.

— a Exma. Ministra Ellen Gracie Northfleet[23], que em 2007 estava na presidência do STF, com muito equilíbrio e consciência da atual situação do nosso Judiciário, afirmou que **estimular meios alternativos para a solução de conflitos é uma das frentes que devem ser tomadas para tornar "o Judiciário brasileiro viável"**. Isso porque, segundo ela, **há 62 milhões de processos na Justiça brasileira, o que dá uma média de 4.400 ações por magistrado**. **"É um número de processos que torna o Judiciário impossível"**, na opinião de Ellen Gracie[24] [Grifo nosso]. Frise-se que este balanço foi mencionado ainda no ano de 2007.

— e, por fim, vejamos algumas opiniões esposadas pelo Exmo. Desembargador José Renato Nalini[25] do TJSP em entrevista concedida à Revista

---

(23) Conforme publicado no DOU, aposentou-se como ministra do STF em 8.8.2011, aos 63 anos. Foi a primeira mulher a integrar a Corte. A ministra Ellen Gracie ainda poderia permanecer no cargo até 2018, quando faria 70 anos, idade estabelecida para aposentadoria compulsória dos ministros do STF. Ela ainda teria pretensão de ocupar uma vaga em uma corte internacional. Ellen Gracie tomou posse na Corte em 2000, nomeada pelo então presidente da República, Fernando Henrique Cardoso. Natural do Rio de Janeiro, é especialista em direito civil, formada em Ciências Jurídicas e Sociais pela Faculdade de Direito da Universidade Federal do Rio Grande do Sul. Ela já integrou o Ministério Público Federal e o Tribunal Regional Eleitoral (TRE) gaúcho. Também foi presidente do Tribunal Regional Federal (TRF) da 4ª Região, entre 1997 e 1999. Ellen Gracie foi a primeira mulher a presidir um dos Poderes da República, ao assumir o comando do Supremo Tribunal Federal e do Conselho Nacional de Justiça (CNJ), entre 2006 e 2008.
(24) *Diário Comércio, Indústria & Serviços* — DCI, 20.3.2007. Disponível em: <http://www.taab.com.br/noticia2.asp?cod=65> Acesso em: 5.5.2007.
(25) José Renato Nalini, na época aos 61 anos, 31 dos quais dedicados à magistratura. O desembargador José Renato Nalini começou como promotor de Justiça por três anos e desde 1976 atua como juiz.

"Consultor Jurídico" (ConJur) e publicada em 25.3.2007, a qual, pela riqueza de detalhes, sinceridade, realismo e importância dos relatos, em nosso sentir, chega a ser uma verdadeira radiografia histórica do nosso Poder Judiciário adoecido, e, por isso, não nos conformamos em compartilhá-la com nossos leitores apenas parcialmente, pois seria um misto de mesquinhez e covardia de nossa parte. Portanto segue na íntegra tal entrevista, cujo título fala por si: "JUDICIÁRIO SERÁ DESCARTADO SE INSISTIR EM NÃO FUNCIONAR", na qual o eminente magistrado responde intrepidamente às indagações revelando uma visão muito transparente e imparcial da atual situação em que se encontra o Poder Judiciário brasileiro, e, também, em outras palavras, inclusive muito bem postas, endossa e reafirma exatamente o que ao longo da presente obra enfocamos e defendemos, senão vejamos:

Hora de desequilibrar

JUDICIÁRIO SERÁ DESCARTADO SE INSISTIR EM NÃO FUNCIONAR

Por Lilian Matsuura

ConJur — O presidente do Tribunal de Justiça de São Paulo, Celso Limongi, disse, recentemente, que o tribunal não consegue cumprir a sua missão de distribuir justiça e de dar uma resposta satisfatória à sociedade. Por que não funciona?

Nalini — Porque não sabemos administrar. A maior preocupação do tribunal é com a técnica, com a doutrina. O processo está cada vez mais sofisticado. Por não ter uma autonomia científica por muito tempo, a ciência processual cresceu, ocupou o seu espaço e expeliu todas as demais. O Direito substancial praticamente deixou de existir, porque o que interessa é o processo.

ConJur — Quer dizer que os juízes e desembargadores estão deixando o conflito de lado para se apegar às questões processuais?

Nalini — Há um exagero no ritualismo e no procedimentalismo, adotando a dogmática positivista mais ortodoxa. Quando se institucionaliza a questão, perde-se o conflito de vista. Apenas as teses são discutidas e o caso concreto fica esquecido. Uma grande parcela dos processos é resolvida perifericamente. O problema continua a existir e o juiz sente-se tranquilo porque deu uma resposta técnica. Ele pensa: "não sou obrigado a ser tutor de capazes. Ele é maior, escolheu o advogado que quis, exerceu o direito de ação, o

---

Ele presidiu o Tribunal de Alçada Criminal de São Paulo por dois anos, até que houve a fusão com o Tribunal de Justiça, e atualmente é Desembargador da Câmara Especial do Meio Ambiente do TJSP. É mestre e doutor em Direito Constitucional pela Universidade de São Paulo.

acesso à Justiça foi assegurado, observou-se o contraditório. Agora, se o advogado que ele escolheu é incompetente, no sentido vulgar, não é problema meu".

ConJur — O problema não está na formação desses profissionais?

Nalini — O Brasil tem 1.038 escolas de Direito. **Isso significa 30 mil bacharéis a cada seis meses, expelidos como pastéis de feira.** O advogado não é treinado para pacificar ou para prevenir. Ele quer entrar em juízo. Mais de um milhão de advogados são credenciados na Justiça. Outros milhões de bacharéis tentam aprovação no Exame de Ordem. Isso faz com que a magistratura, o Ministério Público, a Defensoria Pública, a procuradoria, todas essas sejam opções de sobrevivência. **Há um excesso de candidatos.** [Grifo nosso].

ConJur — É assim também na escolha dos juízes?

Nalini — É assim que se produz a magistratura. **De seis mil candidatos, cem são aprovados. Esses já entram se achando muito especiais.** Se ele não tem ainda esse sentimento, a própria magistratura começa a enxergá-lo assim: "agora, vocês têm a sublime missão de fazer do homem, mulher, do quadrado, redondo, do preto, branco. **Você está provido da potencialidade de mudar a realidade que só Deus tem**". Há um sistema perverso, que replica a ideia de que o Judiciário existe para atender o juiz. **Deixamos de lado a capacidade de trabalho, ética, vocação, talento, humildade, sensibilidade, humanismo, generosidade, bondade e compaixão. Verificamos apenas se a pessoa decorou tudo.** [Grifo nosso].

ConJur — Como é possível escolher com base nessas características e não no conhecimento acadêmico?

Nalini — Através de uma escola. O Instituto Rio Branco, do Itamaraty, tem um modelo eficiente de recrutamento. Os que pretendem ingressar na diplomacia estudam por dois anos no Instituto, para que a escolha se dê pela análise de seu comportamento. Esse modelo seria ideal. Na época que eu fui assessor do presidente no TJ paulista, tivemos um concurso nesses moldes, mas que não foi para frente. Durante seis meses, o candidato aprovado passava por uma avaliação e ganhava 70% do salário de um juiz substituto.

ConJur — Há um período de "experiência" para o candidato aprovado para a magistratura, não?

Nalini — O período de vitaliciamento é uma formalidade. A pessoa só não continua se for louca ou se tiver cometido um crime. O concurso é caro, leva um tempo tremendo e um desembargador fica afastado das suas funções para preparar as questões. Eles não querem admitir que, depois de tudo isso, recrutaram mal. Por isso, dão um jeito de absorver o ingressante. É um método terrível de concurso. Quando as grandes empresas precisam de um executivo, contratam uma empresa especializada, um *headhunter*. Em qualquer um dos Poderes da República, ele é recrutado por um grupo aleatório e empírico. Muitas vezes, as pessoas não têm a menor noção de seleção de pessoas.

ConJur — Como são escolhidos os examinadores?

Nalini — O examinador é o desembargador mais antigo. Quando chega a sua vez, tenha ou não talento ou vontade, você vai aceitar porque fica quase um ano afastado do processo. Jamais uma grande empresa vai dizer para os mais antigos recrutarem um executivo só porque são mais antigos. Não deve ser assim. Pressupõe-se que os candidatos já conheçam o Direito. O que eles precisam aprender é a ser juiz em um país de miseráveis; a entender o que é responsabilidade social e qual é o papel da magistratura. O Direito é um instrumento de preservação do *status quo* ou um fator de redenção? Nada disso se questiona nos concursos.

ConJur — Teria como o Tribunal de Justiça contratar um *headhunter*?

Nalini — O Rio Grande do Sul já fez um concurso assim. Eles sempre foram pioneiros, essas novidades sempre nascem lá. Não há nenhuma heresia em terceirizar a escolha dos juízes. A administração dos tribunais deveria ser terceirizada. Juiz não sabe ser administrador.

ConJur — Existe espaço legal para o tribunal contratar um administrador?

Nalini — Sim. Mas também existe falta de coragem, falta de ousadia. Há um medo de inovar e receio de uma revolução.

ConJur — O que o administrador pode fazer que o juiz presidente não pode?

Nalini — A nossa estrutura é anacrônica. Não é mais preciso usar papel e requerimento para fiscalizar frequência, assiduidade, produtividade, acréscimo de benefício. É absurdo. Será que o pessoal não percebe que há empresas com frota de carros e que têm uma administração mais racional dos veículos do que a nossa? No setor de compras também. Com uma gestão eficiente, perceberíamos que não falta pessoal. Iria sobrar gente. Os funcionários seriam mais motivados desempenhando atividades mais úteis para a sociedade.

ConJur — O Tribunal poderia funcionar como uma empresa?

Nalini — Deveria. Hoje, o discurso é falta de dinheiro e funcionário. Não é bem assim. É um absurdo que, com tantas leis obrigando o processo eletrônico virtual, ainda haja o monopólio dos oficiais de Justiça nas comunicações do processo. Uma só vara tem de oito a dez oficiais. Já temos *e-mail*, telefone e fax mas ainda temos de usar estafetas para entregar mensagens.

ConJur — Hoje é possível fazer intimação por *e-mail*?

José Renato Nalini — A Lei n.11.419, que entrou em vigor no dia 20 de março, ordena.

ConJur — Há resistência à modernização?

José Renato Nalini — Sim. Quando implantei o sistema de *Habeas Corpus* por *e-mail* no extinto Tribunal de Alçada Criminal, o primeiro balde de água fria veio do Ministério Público. O Decreto-Lei n. 552, de abril de 1969, impõe a necessidade de remessa dos autos de *Habeas Corpus* para o MP. Essa é uma norma que veio logo depois do Ato Institucional n. 5. É da época da Ditadura, em que se desconfiava do Judiciário. Conversei com o procurador-geral, expliquei que teríamos o tribunal mais rápido do mundo na tutela da liberdade. Mas não adiantou. A alegação foi que a medida ia desativar a Procuradoria de *Habeas Corpus*. Há ainda uma questão cultural. Quando vi que não chegavam pedidos de HC por *e-mail* fui até o protocolo do tribunal. Tinha uma fila enorme. Expliquei para os advogados que o pedido podia ser feito por *e-mail*. Eles disseram que preferiam o papel, porque era mais confiável.

ConJur — Falta dinheiro no Judiciário?

Nalini — Não. O problema é gestão. Quando presidi o Tribunal de Alçada Criminal havia 1,3 mil funcionários. Quando saí tinha 900, sem prejuízo do serviço. Houve muita reclamação. Mesmo assim, cortei uma porção de gastos. Na unificação dos tribunais, toda a inovação e o pioneirismo foram neutralizados. Fomos absorvidos pelo anacronismo. O tribunal precisa se descentralizar, conforme prevê a Constituição Federal. Não tem sentido ter 360 caciques reunidos em São Paulo.

ConJur — Como assim?

Nalini — Temos de levar o tribunal para as grandes regiões do estado. Se fizermos um levantamento, vamos ver que muitos desembargadores não moram na capital. Por que não ter câmaras do TJ em São José do Rio Preto, por exemplo? O salão do júri do fórum é usado poucas vezes por ano e pode ser usado para abrigar uma câmara. A descentralização está prevista no § 6º, art. 125 da Constituição Federal. Mas ninguém quer fazer isso.

ConJur — Por quê?

Nalini — Falta coragem. Argumentam que não há número suficiente de processo. Não é verdade. Não é necessário reunir 100 juízes em Campinas. Basta colocar dez em Campinas, dez em Ribeirão Preto, dez em São José do Rio Preto, dez em Santos. Com isso, acaba a remessa física do processo. O advogado que mora no interior não precisa vir até aqui para fazer sustentação oral. O presidente do Tribunal de Justiça não tem condições de administrar 360 desembargadores, mais os 2 mil substitutos de segundo grau. Não falta dinheiro, não falta pessoa. Falta criatividade e ousadia para relativizar alguns dogmas que já não têm razão de ser. A segurança jurídica, por exemplo. O mundo está cada vez mais incerto. Os juízes têm de ter coragem de serem funcionais e oportunos. Quando forem invocados, dar respostas rápidas. Muitos dizem que a rapidez sacrifica a segurança jurídica. **Estamos tão lentos que agora é a hora de desequilibrar. Deixar um pouco a segurança para tentar resolver o problema.** [Grifo nosso]

ConJur — Não tem nada mais inseguro do que essa ineficiência.

Nalini — É um suplício para a pessoa. Cria um desalento e um descrédito. No chamado mundo civilizado, você fala "Eu vou te levar à Justiça". Aqui, o agressor fala "Vai para a Justiça". Isso é sintomático, porque as pessoas sabem que não funciona. O Judiciário tem um corpo seleto. **Os juízes são eruditos e preparados tecnicamente, mas o sistema não funciona. É preciso que esse corpo funcione e assuma uma responsabilidade para dizer "eu posso mudar a realidade, eu posso fazer Justiça". O que é muito diferente de apenas aplicar a lei processual e ficar com a consciência tranquila.** [Grifo nosso]

ConJur — Realmente é um potencial imenso.

Nalini — Existem alguns protagonismos individuais, mas o Judiciário tem fobia de que o juiz seja atípico. O segredo para sobreviver na magistratura é ficar escondido, não se sobressair. O discurso oficial é de que os juízes precisam ser criativos, transformadores da realidade, que faça Justiça e concretize as mensagens normativas da Constituição. Na prática, é diferente. Houve um tempo em São Paulo que se um juiz se destacasse muito no Juizado Especial, era direcionado para julgar em uma área que não tinha intimidade.

Por exemplo, um juiz que gosta de informática poderia ser chamado para atuar na área criminal.

ConJur — Não é preciso valorizar a primeira instância?

Nalini — A solução é insistir na formação institucional. A escola deve priorizar o conteúdo institucional da magistratura. O juiz precisa ter noção do que significa a sua decisão no caso concreto. Ele não é alguém que está completamente desvinculado do que faz. Precisa refletir sobre ser juiz em um estado periférico e iníquo. Entender o que é ter a maior carga tributária do mundo, que é uma economia que não cresce.

ConJur — A magistratura se preocupa com essa necessidade?

Nalini — Não. Ela se preocupa com o cumprimento da obrigação formal. Quer saber o número de sentenças que o juiz proferiu, se ele não falta e se não tem muitos desvios. Para sair da magistratura é preciso ser péssimo de serviço e de caráter também. Se um juiz é muito trabalhador e tem falhas no comportamento ele fica: "vamos salvá-lo porque ele trabalha direitinho". Se é ruim no trabalho, mas tem bom caráter: "vamos salvá-lo porque ele é bonzinho". **A magistratura não se preocupa com o seu significado, com o seu sentido ou com a sua função social. O Judiciário vai ser substituído se continuar nessa disfuncionalidade, nesse distanciamento das aspirações do povo e nesse descompromisso com a Justiça. A arbitragem e a medição estão aí. Hoje, o Judiciário assegura a irresponsabilidade do Estado, que é o seu maior cliente. É uma Justiça para uso próprio.** [Grifo nosso]

ConJur — Distribuir Justiça é outra coisa.

Nalini — Se desse respostas à sociedade, o Judiciário seria o propulsor de outra prática social e estimularia as pessoas a pensar melhor antes de errar. E a resposta tem de ser rápida.

ConJur — Desembargador tem de se aposentar aos 70 anos?

Nalini — Não. Os 70 anos foram estabelecidos como limite em uma época em que a longevidade do brasileiro era muito reduzida. Hoje, vivemos até 90 anos. Aos 70 anos a pessoa está mais experiente e madura. Se estiver lúcida e bem de saúde, por que impedi-la de atuar? O professor Miguel Reale produziu até os 95 anos, e só parou quando morreu. Ele ficou 25 anos recebendo sem poder trabalhar. É insensato fazer isso em um país que tem tantos problemas como o Brasil. A aposentadoria compulsória é trágica para a economia e para a previdência social. Nos Estados Unidos o juiz é vitalício. Um dos problemas da Suprema Corte é convencer alguém a se aposentar. Outro ponto da discussão é a vontade dos jovens juízes de chegar ao Tribunal de Justiça. Isso torna a carreira mais cruel do que ela já é. O pessoal de baixo fica empurrando os da frente, como se o cidadão de 68 anos só estivesse ocupando espaço. É preciso repensar o plano de carreira.

ConJur — Para isso, só mudando a Constituição, não é?

Nalini — A juventude não quer essa mudança. No entanto, acena-se para a possível eliminação ou ao menos a extensão da compulsória. O presidente Lula nomeou seis ministros para o Supremo Tribunal Federal. Ou seja, já tem maioria absoluta se quiser acabar com a compulsória. Depois dos 70 anos, se quiser continuar na carreira, a pessoa deve passar por uma avaliação física, psicológica e de produtividade. O fato de o jovem querer chegar logo ao ápice da carreira não deveria ser motivo para eliminar aquele que tem experiência e que pode produzir.

ConJur — O Conselho Nacional de Justiça foi muito criticado por admitir exceções que ultrapassam o teto salarial da magistratura. O senhor concorda com essa decisão?

Nalini — A questão do teto é hipócrita. O salário não suscitaria tanta discussão se o Judiciário respondesse a tempo quando é chamado para se manifestar. O que incomoda a população é a prestação de um serviço público lento, imprevisível, hermético, às vezes, prepotente. Se o juiz realmente fizesse aquilo que se espera dele, ninguém reclamaria de pagar bem a ele.

ConJur — Se há normas que preveem que o salário não pode passar de R$ 24,5 mil, por que não cumprir?

Nalini — Não está escrito na lei. A interpretação é a vulnerabilidade ou a potencialidade do Direito. Existe a norma e existe a leitura da norma. Existe a Constituição e existe a concretização da Constituição. Vivemos em um federalismo assimétrico. Ou se contempla a situação local, ou padroniza-se tudo. Por que um juiz substituto federal começa ganhando mais do que um desembargador de São Paulo, que é alguém que tem trinta anos de carreira? Nosso Judiciário é muito sofisticado para o país pobre que temos. São cinco Justiças, entre elas a trabalhista, que não precisaria existir. O ideal seria um Poder Judiciário Nacional.

ConJur — Por que a Justiça do Trabalho não precisaria existir?

Nalini — Estamos em um estágio em que emprego não existe. A população sobrevive na informalidade, na luta. Trabalho formal é praticamente uma loteria. Temos que pensar quanto custa a Justiça do Trabalho e o que ela significa para o país. Na Justiça do Trabalho, o juiz já começa ganhando quase R$ 20 mil.[26]

É importante não se olvidar que a crise do Judiciário brasileiro vem se arrastando desde a década de 1960. Não será tempo de mudar a tática do "jogo", e partir para a ousadia responsável e promissora? Não terá chegado o tempo de se concretizar, com toda força, a intitulada "terceira onda do acesso à Justiça" conforme o grande mestre Cappelletti? A exemplo dos EUA e de tantos outros países que atualmente auferem os benefícios de atos corajosos com ótimos resultados dessas experiências tão bem-sucedidas... E, de uma vez por todas, buscarmos na humanização da prestação jurisdicional a solução desse problema que vai acabar por desmoralizar totalmente o Poder Judiciário brasileiro culminando até mesmo na extinção da instituição por inviabilidade e inutilidade social?

---

(26) *Revista Consultor Jurídico* (ConJur), edição de 25.3.2007. Disponível em: <http://conjur.estadao.com.br/static/text/53997,1> Acesso em: 5.5.2007.

2. O Que é Humanizar a Justiça?

"LUTA — Teu dever é lutar pelo Direito, mas no dia em que encontrares o Direito em conflito com a Justiça, luta pela Justiça."

Eduardo J. Couture[27] (1904-1957)

Para definirmos satisfatoriamente o que é humanizar a Justiça, faz-se mister primeiramente sabermos o verdadeiro significado de ser "humano" e, como consequência, naturalmente daí surgirá o significado do seu derivado: humanizar.

Em nossa concepção, ser "humano" é acima de tudo ser verdadeiramente cristão no sentido mais amplo deste vocábulo, seja lá de que religião ou crença for o indivíduo. É ser cristão no sentido de vivenciar o bem, praticando efetivamente o bem, e desta forma tentando sempre se assemelhar ao Cristo, como filho de Deus, independentemente de como se chame o Deus de cada um.

Para conseguirmos humanizar a Justiça é necessário que primeiramente humanizemos a nossa conduta moral e espiritual em busca da nossa Paz interior, pois só assim, com certeza, alcançaremos a verdadeira Paz social.

É válido se fazerem caminhadas e outros movimentos sociais pela Paz, sem dúvidas, é um ato nobre e cheio de boas intenções, é um ato de cidadania!

Mas devemos ter em mente que de nada adiantarão esses movimentos se em nossos corações não cultivamos a Paz, se em nossos lares não a ensinamos, dando exemplos em cada atitude, se em nossas relações sociais ou intersubjetivas não a valorizamos nem a vivenciamos da melhor forma possível.

---

(27) Eduardo J. Couture foi advogado e professor de Direito Processual da Universidade de Montevidéu, capital do Uruguai.

Enfim, de nada adianta "rogarmos por Paz" se nas profundezas de nossos corações não a escolhemos como objetivo de vida, se em toda a nossa existência nunca a praticamos verdadeira e efetivamente, se não convivemos nem agimos diuturnamente para a Paz e pela Paz!

Por tudo isso é que precisamos iniciar uma verdadeira busca pela Paz social através de meios concretos e eficazes, e não por meios utópicos e maquiados de pura hipocrisia.

A nosso ver, numa sociedade contaminada pela violência, como infelizmente é a nossa, merecem destaque e aplausos os seres humanos que reconhecem humildemente, mesmo ocupando altos cargos do Judiciário, que a celeuma da maioria de todos os nossos sofrimentos aqui na Terra são os reiterados erros praticados pela própria humanidade ao longo dos séculos, e só uma grande mudança de cada um de nós, um grande esforço de toda a humanidade neste sentido, será possível alcançar a Paz tão desejada, e a Justiça tão aclamada, a exemplo de Eulaide Maria Vilela Lins, Juíza do Trabalho (Manaus/AM), que, em um artigo publicado em 1º.10.2001, no *website*[28] da Abrame— Associação Brasileira de Magistrados Espíritas, cujos principais trechos transcrevo abaixo, intitulado *Os Obstáculos Atuais ao Progresso Moral do Homem*, nos surpreende e, dentre muitas lições, nos dá uma realista e verdadeira visão sobre o atual estágio em que se encontra a nossa civilização e o porquê dessa necessidade urgente da humanização dos principais setores da sociedade a fim de combater os consectários negativos de nossos próprios comportamentos:

> Os tempos de transformação, nos quais a humanidade dá um salto qualitativo em sua sociedade, são sempre revestidos de crise, mudanças, cataclismos morais que fazem ruir os pilares civilizatórios existentes. Dado a estreita visão do homem, restrita na mais das vezes, a aspectos circunstanciais e transitórios, não lhe é muito fácil entender o processamento das Leis Divinas, e em especial da Lei do Progresso nestes momentos, vez que sobressaem os resquícios da barbárie, a inferioridade moral, a degeneração de reais valores, o aparente prevalecer de teses e ideologias ultrapassadas avançando como respostas, quando o homem, ao aceitá-las de maneira aparentemente satisfatórias, parece retroceder em seu progresso evolutivo.
>
> Este é o momento em que vivemos atualmente na humanidade. Civilizações altamente desenvolvidas no aspecto científico-tecnológico, viajando na mesma "Arca de Noé" chamada Terra, ao lado de outras civilizações nas quais prevalecem ainda a ignorância, o atraso econômico, a Lei de Talião, o uso da força, a vingança, a

---

(28) Disponível em: <http://www.abrame.org.br> Acesso em: 7.3.2007.

cultura do ódio e do ressentimento, a discriminação contra a mulher, o desprezo com a infância, a inexistência de mínimas condições sanitárias, de perspectivas profissionais dignificantes e a desigualdade social a gerar miséria e fome, que são tônica comum.

A civilização ocidental, com sua cultura individualista, de culto ao ego e acumulação de riqueza, desenvolveu sobremaneira o cientificismo-tecnológico, gerando a falsa crença de que através dele o homem tudo pode, encontrando aí a tão almejada felicidade, basicamente contida nas coisas materiais, indo por sua vez desaguar no materialismo dialético ateu, corroborado sobremaneira pelo enfoque formal e ritualístico das religiões tradicionais, que não preenchem as necessidades espirituais das criaturas quando dominadas por suas angústias e aflições, fomentando o surgimento de doenças psicossomáticas.

Fruto de imensa diversidade econômica-social, a Terra é um planeta de grandes contrastes, onde, ao determos nosso olhar para os países ocidentais, vemos sociedades em seu apogeu no aspecto tecnológico e de conforto e facilidade materiais, entretanto com profundos cismas e rachaduras no aspecto moral e psicológico de suas populações, necessitando reestruturar a família, célula micro que sustenta e mantém a sociedade em seu sentido macro, e resgatar a importância do homem enquanto pessoa humana para poder libertá-lo dos vícios sociais maléficos (álcool e tabagismo), abortos e drogas.

Países onde o modelo do materialismo de Karl Marx foi elevado à forma de Estado trazem destroçados os sentimentos de religiosidade desses povos, e porque a matéria não responde a todas as indagações e anseios humanos, necessitam reconstruir a verdadeira religiosidade humana.

Neste contexto, vale ressaltar a China, regime ditatorial expansionista, ressuscitando a prática romana de execuções coletivas em estádios, como resposta repressora aos que se atrevem a pensar diferente, com a eliminação de um dos direitos inerentes ao ser humano, que é a liberdade de expressão do pensamento.

Contrapondo-se ao materialismo ateu, à fugacidade do tecnicismo, ao reavivamento de religiões cujas propostas deveriam estar distanciando-se ou ficando fora de foco do homem moderno ingressante no terceiro milênio, à grande desigualdade socioeconômica dos povos, vislumbram-se duas belíssimas propostas pacifistas e igualitárias para a humanidade, o Budismo e o Cristianismo. Que tais propostas têm a ofertar à humanidade rumo ao progresso moral, em avanço às demais? Em sua essência, o desarmamento dos corações, a cultura da não violência, a não aceitação da Lei de Talião, a igualdade social, a prática do perdão como condição essencial para saúde física e mental, a Paz, a fraternidade universal, o cultivo ao desapego, o homem como ser renovado, construtor de sua própria felicidade, possuidor de profundo sentimento de respeito e tolerância às diferenças e diversidades culturais humanas, sendo vencedor de si mesmo, com emoções sublimadas e superiores, tendo, por fim, como objetivo básico, vivenciar o amor incondicional por todas as criaturas. [...]

[...] Em termos mundiais, o Cristianismo não teve ainda em sua essência uma profunda compreensão, interiorização e vivência dos ensinamentos básicos de Jesus por parte de seus praticantes, mantendo-se, de modo geral, na superficialidade da forma e dos ritos exteriores, outrora veementemente combatidos pelo próprio Cristo. **Necessário fazermos, todos os cristãos, uma releitura dos ensinamentos do Mestre, contidos em seus evangelhos, que, com todo o respeito às demais religiões, é a proposta mais contextualizada com o homem do terceiro milênio. Se parte da humanidade ainda não vivencia o Evangelho de Jesus à prevalência de outras propostas, é porque o amor, a fraternidade, a justiça, a igualdade ainda soam estranho no coração do homem, que, mesmo em dias atuais, continua a privilegiar a força (ditadura física e moral), a vingança, o ódio, a exclusão e o sectarismo, bem como a prevalência unilateral de suas ideias** [Grifo nosso]. E que, em dias recentíssimos, vimos descobrir, espalhados na quase totalidade dos países do planeta, terroristas sem pátria, mascarados atrás de uma ideologia exótica, maligna e resultante de desvirtuação religiosa, buscando fomentar e cultivar, novamente, através do terror, nos corações da humanidade, o ódio e o ressentimento, a vingança ou retaliação, o desprezo ao perdão, o medo escravizante, a visão de que todo homem diferente de nós é inimigo em potencial que deve ser destruído antes que nos destrua, generalizando, portanto, ondas de desamor, ressentimento, desconfiança e descrença em dias melhores para a humanidade. Necessário, antes de pregarmos o desarmamento bélico dos países e da população de maneira geral, buscarmos o desarmar dos corações humanos, através da proposta pacifista e mais do que nunca atual de Jesus, que é AMAR O PRÓXIMO COMO SI MESMO, FAZENDO AO OUTRO O QUE QUERIAS QUE A TI FIZESSEM.

Somente o amor, a pacificação dos corações e dos espíritos, o resgate de valores espiritualizados, a reestruturação e valorização da família, a redistribuição de renda, a diminuição de desigualdades sociais, a essencial cooperação econômica entre os países, reduzindo o fosso entre aqueles que são economicamente ricos e os considerados países pobres ou miseráveis poderão fazer a humanidade caminhar para um novo modelo civilizatório mais condizente com a necessidade de progresso do homem moderno.

Portanto, "humanizar"nada mais é, em sua essência, que simplesmente desengatilhar os corações, cultivar a paz de verdade, não aceitar e nem praticar, direta ou indiretamente, a Lei de Talião, prezar pela fraternidade e igualdade social em detrimento do egoísmo e da ambição, praticar o perdão sempre, conforme o Evangelho de Jesus, ser "humano" acima de tudo. Ser um homem sensível aos infortúnios de nossos "irmãos", renovado espiritual e moralmente, saber lidar com o próximo respeitando suas liberdades, seus sentimentos e tolerando suas desigualdades. Ser humilde, independentemente da posição social ou do cargo que "ostente", privilegiar e incentivar a Paz e a cultura da negação incondicional da violência, da vingança, do ódio, da ambição destrutiva, da desunião e da desarmonia.

Enfim, em nosso sentir, humanizar a Justiça é agir como ser "humano" no exercício da prestação jurisdicional, é saber fazer justiça e não apenas aplicar mecanicamente a Lei ao caso concreto. É saber democratizar o acesso à Justiça transpondo as barreiras do tradicional sistema jurisdicional, que ainda tem como fundamento e fim precípuo a justiça aristotélica, que é a justiça denominada por Aristóteles de "justiça total" (*díkaion nomimón*, segundo a qual basta que na solução de um caso concreto se respeite e se observe apenas o conteúdo da lei, para se considerar que houve justiça no proceder).

Em suma, humanizar a Justiça é estabelecer uma verdadeira "Jurisdição da Paz" que funcione como um filtro para o contencioso, que se torne a base da Justiça, o alicerce e a finalidade da prestação jurisdicional no Brasil!

Data venia, essa visão de justiça aristotélica modernamente não mais se coaduna com as novas perspectivas de justiça ora defendida. É inexoravelmente inaceitável, pois jamais se preocupará com o elemento humano da questão, e, por isso mesmo, vem se mostrando ultrapassada, anacrônica e fora da nossa atual realidade, visto que é uma justiça que conduz mais a injustiças, de que à plena e verdadeira Justiça e Paz social.

Então, este conceito de justiça, por não mais se adequar aos nossos anseios e necessidades, por jamais se harmonizar com essa ideia inovadora de humanização da prestação jurisdicional, deve, para este propósito, ser substituída por um conceito de justiça mais justo, mais humano, que se fundamente mais na liberdade e no respeito à cidadania, aos direitos fundamentais e à dignidade da pessoa humana, e que tenha como objetivo maior garantir a verdadeira Paz à sociedade.

Essa justiça à qual nos referimos e elegemos como a ideal para embasar a concretização da humanização da prestação jurisdicional é exatamente a justiça kantiana[29], que é diametralmente antagônica à justiça aristotélica, e, por isso, bem mais justa.

2.1. Fundamentos da humanização da justiça: a filosofia de Kant e os princípios constitucionais fundamentais

> *A minha filosofia pode ajudar os homens a estabelecer os seus direitos.*
>
> Immanuel Kant

Não poderíamos falar em humanização da Justiça calcada na valorização do que é moralmente justo e no desejo de estabelecer a Paz social a partir da humanização do mundo jurídico, sem citar o grande filósofo alemão jusnaturalista Immanuel Kant (22 de abril de 1724 – 12 de fevereiro de 1804), afinal de contas o seu grande sonho para a humanidade era o estabelecimento e a garantia dos direitos dos homens através da concretização de uma universal paz perpétua, e, em busca disso, na sua famosa obra intitulada *Paz Perpétua: Um Esboço Filosófico* (*Zum ewigen Frieden. Ein philosophischer Entwurf*, 1795), considerada por André Tosel[30] como a verdadeira conclusão, por antecipação, da *Doutrina do Direito*, Kant nos sugere uma fórmula para alcançarmos essa Paz, asseverando que:

> [...] devemos agir como se a paz entre as nações, mesmo sendo uma utopia, um sonho, seja um dia possível de realizar, da mesma maneira devemos encarar a justiça absoluta, como sendo possível de alcançar e trabalhar para que isso aconteça. Assim, não está em questão se a paz perpétua é possível ou não. Simplesmente devemos agir como se ela pudesse ocorrer.

Portanto, a ideia de humanização da Justiça está intimamente interligada a muitos dos pensamentos de Kant, uma vez que a humanização da prestação jurisdicional tem por objetivo erradicar as formas burocráticas e conflituosas de se resolverem controvérsias, investindo maciçamente na sistematização do acesso à Justiça por sistemas pacíficos de solução de conflitos, não

---

(29) Justiça kantiana é a justiça segundo a concepção de Immanuel Kant, grande filósofo do século XVIII, o chamado *Século das Luzes*. Kant é considerado um jusnaturalista que, em busca de uma paz universal, aprontou um opúsculo denominado de *Zum ewigem Frieden* (*A Paz Perpétua*), no qual surge a perspectiva de um cidadão do mundo esclarecido. Vale registrar que essa obra teve os seus primeiros 1.500 exemplares esgotados em uma semana.

(30) TOSEL, André. *Kant révolutionnaire*: droit et politique. 2. ed. Paris: Universitaires de France, 1990. p. 91.

importando se eles desenvolver-se-ão no âmbito do Poder Judiciário, como é o caso da conciliação, da negociação, e quem sabe também da mediação, ou no âmbito extrajudicial, como é o caso da arbitragem, mas que em qualquer um desses métodos o objetivo seja sempre direcionado a um mesmo fim: buscar e preservar a Paz entre as partes, isto é, solucionar as lides sem a necessidade de adversidades, malquerenças ou intrigas, que, dentre outros, são constrangimentos próprios dos sistemas legais tradicionais, mergulhados na contenciosidade e no formalismo arcaico e inconsequente. E assim provar que é possível se solucionar demandas pacificamente, através do diálogo civilizado e consciente, em que cada um saiba defender e buscar seus direitos respeitando e reconhecendo, sobretudo, o direito do outro.

Nesse diapasão, as concepções de Kant sobre moral, direito, justiça e política são de suma importância para a fundamentação e consolidação desta proposta de humanização da Justiça, porque o maior objetivo nosso se coaduna perfeitamente com o seu propósito de um dia se alcançar a verdadeira Paz social, e porque Kant se enquadra, juntamente com outros filósofos — como Rousseau, Voltaire, Montesquieu, David Hume e Thomas Jefferson, dentre alguns outros —, compondo um grupo de filósofos que idealizavam e buscavam uma sociedade mais racional e humana, e, por isso, não aceitavam a política do absolutismo daqueles governantes da época, baseada na religião e na tradição, perseverando incansavelmente a implantação de um sistema que, sobretudo, respeitasse os direitos e as liberdades dos homens.

Para conhecer profundamente e compreender adequadamente os pensamentos político e jurídico de Immanuel Kant, é de suma importância uma atenta leitura da sua obra *Metafísica dos Costumes* (1797), que é dividida em duas partes: *Doutrina do direito* e *Doutrina da virtude*.

Todavia, a seguir, em apertada síntese, faremos uma breve sinopse sobre os pontos que mais nos interessam, no concernente à filosofia moral, política e jurídica de Immanuel Kant, senão vejamos.

A filosofia moral e política de Kant busca sempre a afirmação da ideia de liberdade, e aquela se desenvolve, essencialmente, em três obras: *Fundamentação da Metafísica dos Costumes* (*Grundlegung zur metaphysik der sitten*, 1785); *Crítica da Razão Prática* (*Kritik der praktischen vernunft*, 1788) e *Metafísica dos Costumes* (*Metaphysik der sitten*, 1797). Sendo que é nesta última obra que se encontra essencialmente suas teorias política e do direito.

Na obra *Fundamentação da Metafísica dos Costumes*, de 1785, Kant trata do imperativo categórico que se contrapõe ao imperativo hipotético [imperativo categórico segundo Kant significa obrigação moral incondicional, ou lei moral, ou seja, é um princípio da razão que deve ser obedecido por todos e em qualquer situação]. Ele acreditava que se uma ação não for praticada movida pelo dever, então ela não tem valor moral, pois, segundo ele, toda ação deve trazer a intenção pura por trás dela, caso contrário ela não terá sentido. Kant não acreditava que o resultado final, ou consequência, fosse o aspecto mais importante de uma ação, mas, sim a forma como a pessoa se sentiu ao realizar a ação —, este sim foi o momento em que o valor foi definido para o resultado. E, na mesma linha de raciocínio, prossegue Kant, e afirma que "tudo ou tem um *preço* ou uma *dignidade*". Então, seja lá o que for, se tem um preço pode ser substituído por outra coisa assemelhada, como equivalente daquela; por outro lado, aquilo que está acima de tudo, não tem preço, e, portanto, não admite equivalente ou substituto, pois tem uma dignidade.

Kant expõe os fundamentos da moral da seguinte forma: enquanto é chamada empírica [empírico é o conhecimento que tem a ver com as percepções do sentido, a partir da observação da realidade] toda filosofia baseada em princípios da experiência, é considerada pura a filosofia que tem suas teorias fundamentadas exclusivamente em princípios *a priori*, isto é, que não são extraídos da experiência, mas, sim, do uso da razão pura. E, quando é limitada a determinados objetos do entendimento, a filosofia pura passa a chamar-se metafísica, de forma a existir uma metafísica da natureza e uma metafísica dos costumes, tendo esta, portanto, por objeto, o estudo das leis da conduta humana diante de uma perspectiva exclusivamente racional.

Para Kant, deve existir uma filosofia moral totalmente desligada do que seja empírico. Esta necessidade se daria em função do próprio caráter da obrigação contida em uma lei moral, sendo que esta obrigação deve ser absoluta e universal, não podendo, portanto, contar com fundamentos empíricos. Seus fundamentos devem ser obtidos *a priori*, exclusivamente nos conceitos da razão pura[31].

Partindo da interpretação dessas teses kantianas, chega-se à conclusão de que a ação moral não pode ser condicionada por quaisquer estímulos externos, ou seja, a vontade moral não pode ter nenhum fim além do cumprimento do dever. A teoria kantiana permite distinguir os deveres morais das regras ditadas por quaisquer autoridades exteriores ao agente. O indivíduo tem na sua razão o critério dos deveres: pensando desinteressada e imparcialmente, ele sabe o que é o dever, haja vista que os interesses nos afastam do dever, pois dão azo à parcialidade.

Para Immanuel Kant, a moralidade tem um valor intrínseco a ela, um valor em si mesmo, e não em relação a coisa alguma. Ela expressa um dever genuíno, purificado, e, neste sentido, afirma:

[...] todos os imperativos ordenam hipotética ou categoricamente... Se a ação for boa simplesmente como um meio para alguma outra

---

(31) KANT, Immanuel. *Fundamentação da metafísica dos costumes*. Tradução de Paulo Quintela. Lisboa: Edições 70, 2008. p. 14-15.

coisa, então o imperativo é hipotético; mas se a ação é representada como boa em si mesma e, portanto, como um princípio necessário para uma vontade que, em si mesma, está em conformidade com a razão, então o imperativo é categórico.[32]

Kant enuncia o imperativo categórico da seguinte forma: "age só segundo máxima tal que possas ao mesmo tempo querer que ela se torne lei universal",[33] sendo, portanto, oposta à moral toda ação cuja máxima não se enquadre neste enunciado. "Máxima" significa aqui um princípio subjetivo para a ação, dado pelo próprio sujeito em seu exercício de livre escolha[34].

Segundo Kant há três fórmulas para exprimir o imperativo categórico: a fórmula da lei universal, que diz: "Age somente em concordância com aquela máxima através da qual tu possas ao mesmo tempo querer que ela venha a se tornar uma lei universal", [ou seja, devemos agir de um modo que a máxima da nossa ação possa valer ao mesmo tempo como princípio de uma legislação universal]; a fórmula da humanidade: "Age de tal maneira que possas tratar a humanidade, tanto na tua pessoa como na pessoa de outrem, sempre e simultaneamente como fim; nunca te sirvas disso meramente como um meio"; e a fórmula da autonomia [autonomia segundo Kant é o princípio da dignidade da natureza humana e de toda a natureza raciocinante], que é uma síntese das duas primeiras, e diz: "Deveremos agir de uma forma tal que possamos pensar em nós mesmos como leis universais legislativas através das nossas máximas". Pois, só podemos pensar em nós como legisladores autônomos apenas se seguirmos as nossas próprias leis. Ou seja, o indivíduo deve obedecer apenas a regras que criou, concomitantemente, para ele próprio e para os demais indivíduos da sociedade.

Portanto, as leis da liberdade, quando dirigidas às ações externas dos indivíduos, sem preocupação com os motivos que os levam a adequar suas ações à lei, são consideradas leis jurídicas. Já as leis da liberdade consideradas leis morais exigem, além da mera adequação das ações externas com o seu preceito, que a lei em si seja o fator que determina a ação, de forma que o motivo da adequação da ação à lei seja puramente o dever de cumprir com o preceito nela contido. Tal distinção se dá no campo da forma, não importando o conteúdo da lei. Enquanto essas leis incidem externamente para o direito, fonte das leis jurídicas, para a moral o comando deve ser interno.

Portanto, o preceito moral, em Kant, é dado pelo exercício individual da razão pura, não podendo ser influenciado externamente; enquanto o preceito jurídico, antagonicamente, é imposto por fontes externas.

---

(32) *Ibidem*, p. 50 e ss.
(33) *Ibidem*, p. 59.
(34) *Metaphysics of morals*. New York: Cambridge University, 1996. p. 18.

Para melhor compreender e alcançar o propósito de Kant em sua filosofia moral, vale a pena tecer breves comentários sobre "a ideia de Deus" tratada por ele em sua obra *Crítica da Razão Prática*. Nela, o filósofo afirmou a necessidade prática de se ter uma crença, e que a ideia de Deus não pode ser desprezada quando relacionamos felicidade e moralidade como sendo o ideal do bem supremo. E, concordando com as afirmações de Kant, disse Voltaire[35]: [...] *Si Dieu n'existait pás, il l'faudrait inventer*[36] ("[...] se Deus não existisse, seria preciso inventá-lo").

O ponto crucial aqui é o fato de que Kant considerava a Bíblia como uma fonte de moralidade natural. E, baseado nestes entendimentos, Kant critica situações nas quais a religião presta um desserviço, ou um falso serviço a Deus, e dentre seus principais alvos estão: o ritual externo, a superstição e a ordem hierárquica adotada pela Igreja. Pois ele enxerga tudo isso como esforços que o ser humano faz para se tornar mais agradável a Deus "de outras formas", burlando a necessidade da adesão consciente ao princípio da retidão moral na escolha de suas ações, [que é exatamente o que o evangelho "verdadeiramente" prega, mas que se torna mais difícil de cumprir]. Sobre o assunto já dizia acertadamente Eça de Queiroz: "Na religião o que há de real, essencial, necessário e eterno é o Cerimonial e a Liturgia — e o que há de artificial, de suplementar, de dispensável, de transitório é a Teologia e a Moral".

Tratando-se da filosofia política segundo Kant, temos a sua obra *Paz Perpétua: Um Esboço Filosófico* (*Zum ewigen frieden. Ein philosophischer entwurf*, 1795), em que o filósofo expressa sua concepção de Estado, buscando fundamentar um sistema capaz de encerrar o estado de guerra permanente no qual se encontram normalmente os Estados. E, ao se referir à política, Kant faz uma admoestação para que, **ao contrário do preceito de Maquiavel, a moral e a política deixem de atuar separadas, ou de costas uma para a outra, e voltem a se encontrar para poder construir uma república federada mundial.**

Na visão kantiana, conforme afirma Norberto Bobbio, o Estado tem por fim a liberdade, e não a busca da felicidade. O importante é assegurar que cada um tenha liberdade para empenhar-se na busca da própria felicidade. Portanto, o importante é a existência de uma estrutura legal que garanta a cada um o poder de coexistir com os outros segundo uma lei universal, isto é, que valha para todos.

Vale lembrar que a teoria política de Kant, bem como as ideias de outros pensadores liberais de sua época, foi decisiva para a instauração do Estado

---

(35) François Marie Arouet, mais conhecido pelo seu pseudônimo *Voltaire*, nasceu em Paris, em 21 de novembro de 1694, e faleceu em 30 de maio de 1778. Foi poeta, escritor, ensaísta, dramaturgo, filósofo e historiador iluminista francês. Integrou a Loja Maçônica *Les Neuf Soeurs*, em Paris.

(36) Originalmente: *Si Dieu n'existait pás, il l'faudrait inventer*. [q:Voltaire], Épître à l'Auteur Du Livre dês Trois Imposteurs (1770/11/10).

constitucional liberal ao longo do século XIX, um novo modelo de Estado que superou a forma de governo dominante na Europa até o fim do século XVIII, que era a forma absolutista[37].

Esse novo modelo liberal de Estado idealizado por Kant era altamente humanizado, justo e moralmente desenvolvido, pois caracterizava-se pela afirmação dos direitos naturais dos indivíduos e dos valores da liberdade, individualidade, igualdade de direitos, livre pensamento e tolerância; buscava estabelecer um sistema político que, através da representatividade, soberania popular, submissão do Estado ao Direito, separação de poderes, liberdade política e do direito de participação no governo, atingisse o objetivo de garantir os direitos naturais do indivíduo frente a um poder a ele externo. Enfim, um modelo de Estado por nós considerado como o ideal para a difusão bem-sucedida de um sistema jurídico humanizado.

Como se percebe, a filosofia política de Kant se harmoniza perfeitamente com o fim almejado pela humanização da Justiça, pois, como esta, aquela também tinha um fim suscetível de aplicações práticas que visava corrigir a desordem terrena das nações, adequando-as e harmonizando-as com o funcionamento perfeito do mundo. Além do mais, Kant via a sociedade como um universo desordenado, onde os corpos que a integram — as unidades políticas que compõem o conjunto geral das nações — viviam na mais completa desarmonia, como, infelizmente, ainda pior hoje vivem!

Mas é necessário dizer que exatamente por todas essas nobres características, consideradas por Kant como primordiais e basilares à concretização desse modelo de Estado constitucional liberal, em busca da chamada Paz Perpétua, que, logo na introdução da sua referida obra *Paz Perpétua: Um Esboço Filosófico* (*Zum ewigen Frieden. Ein philosophischer Entwurf*, 1795), Kant, lucidamente, reconhece, *assim como nós igualmente reconhecemos*, que seu trabalho dificilmente será levado em consideração pelos políticos, que sempre são dominados pelos aspectos práticos e desdenham com orgulho o teórico, considerando-o "um pedante inofensivo". Mas ele não poderia esquivar-se de dar sua opinião, *da mesma forma que nós também não podemos!*

Além das concepções kantianas anteriormente enfocadas, nesse diapasão, também consideramos bastante relevantes o seu conceito sobre "o certo e o errado", pois, sobre tais questões, Kant encontra uma lei moral que rege o universo, valendo para todas as pessoas, seja qual for a sociedade, a época ou a região em que vivam, uma vez que, segundo Kant, **essa lei moral universal não irá ditar o que se deve fazer nesta ou naquela situação. Ela simplesmente impõe uma espécie de comportamento padrão** (ou arquétipo) **para o indivíduo, o qual deve sempre ser respeitado em todas as ocasiões.**

---

(37) BOBBIO, Norberto. *Direito e Estado no pensamento de Emmanuel Kant*. 2. ed. Tradução de Alfredo Fit. São Paulo: Mandarim, 2000.

Kant observa ainda que existe uma dupla legislação atuando sobre o homem, uma legislação interna e uma legislação externa. A legislação interna é concernente à Moral, e obedece à lei do dever natural, a um juízo da própria consciência, enquanto a segunda refere-se ao Direito, com normas que têm como objetivo regrar as ações externas.

Interpretando o pensamento de Kant sobre o certo e o errado, acreditamos que essa legislação interna a que se refere chama-se, na verdade, "consciência", haja vista que só se concebe que um indivíduo possa se pautar numa mesma linha de conduta, seja qual for a situação em que se encontre, se, sempre, antes de deixar-se influenciar por qualquer outro fator externo, consulte e obedeça em primeiro lugar à sua consciência, ao seu julgamento íntimo, pois só assim, com certeza, nunca será levado a praticar injustiças ou leviandades, a menos que se proponha a isto, porque sempre saberá distinguir o certo do errado.

Afinal de contas, assim como Kant, *acreditamos que a consciência humana é, indubitavelmente, um fator determinante na construção de mundo.*

Por fim, é relevante e oportuno mencionar o conceito de direito de Kant, no qual se fundará a justiça, que será logo em seguida abordada: o termo direito é entendido por Kant com sentido valorativo, isto é, trata-se de tudo aquilo que seja justo — ius. Neste sentido, conforme Kant, o direito não diz respeito simplesmente a uma maneira de coexistir, mas às circunstâncias de coexistir com os arbítrios alheios.

Em outras palavras, uma ação é conforme o direito se puder coexistir com a liberdade de todos de acordo com uma lei universal, ou se, em sua máxima, o livre arbítrio de cada um puder coexistir com a liberdade de todos de acordo com uma lei universal. Assim, percebe-se que o maior objetivo do direito, na concepção kantiana, é a garantia e o respeito à liberdade.

Sobre essa questão, afirma Norberto Bobbio:

> De fato, podemos dizer que, segundo Kant, o direito é a forma universal de coexistência dos arbítrios dos simples. Enquanto tal é a condição ou o conjunto das condições segundo as quais os homens podem conviver entre si, ou o limite da liberdade de cada um, de maneira que todas as liberdades externas possam coexistir segundo uma lei universal.[38]

Feitas essas prévias e indispensáveis ponderações, passemos agora a outro conceito de suma importância para o nosso trabalho, que é o de justiça segundo Kant. O que o ordenamento jurídico precisaria garantir, através de suas normas coercitivas, seria o exercício consciente da liberdade, para cada

---

(38) BOBBIO *apud* PIAZZA, 2005, p. 71.

um poder desenvolver sua própria personalidade, respeitando a liberdade dos outros, conforme preceitua o direito segundo Kant. Acreditamos que daí surgiu o adágio popular muito utilizado na área jurídica: "o direito de alguém termina quando começa o de outrem", sendo, portanto, este o limite também das liberdades no sentir de Kant.

Finalmente, ao referir-se à justiça, Kant declarou: "Se a justiça pudesse perecer, não teria sentido e nenhum valor que os homens vivessem sobre a terra". A Justiça é imprescindível portanto em todos os fatos sociais por ela abrangidos. A vida em sociedade, sem a justiça, seria insuportável.

E é forçoso reconhecer que na ótica kantiana o juiz é um espectador, que olha e julga, procura e encontra a verdade. O juiz, para ter a exigida imparcialidade, tem que ter uma ideia do todo, não se preocupar com a opinião dos outros e com o desejo de aparecer, de se destacar perante os outros, ao contrário do "actor" [para Kant, "actor" é o homem que age em função da notoriedade, ou fama, isto é, que está preocupado com a opinião que os outros homens têm a seu respeito].

Enfim, o juiz, para julgar visando à justiça kantiana, deverá se pautar na humanização, adentrando o íntimo da relação jurídica, considerando as partes como seres humanos, e, dessa forma, decidir objetivando também o desenvolvimento moral e social dos envolvidos, e não unicamente a solução da controvérsia a partir da mera subsunção.

A respeito conclui acertadamente Norberto Bobbio:

> Portanto, não é suficiente, segundo o ideal do direito como liberdade, que o ordenamento jurídico estabeleça a ordem, nem é suficiente que esta ordem seja fundada na igualdade (também uma sociedade na qual todos sejam escravos é uma sociedade de iguais, ainda que iguais na escravidão).
>
> É necessário, para que brilhe a justiça com toda a sua luz, que os membros da associação usufruam da mais ampla liberdade compatível com a existência da própria associação. Motivo pelo qual seria justo somente aquele ordenamento em que fosse estabelecida uma ordem na liberdade.[39]

Portanto, é fácil notar que o objetivo de Kant, ao conceituar a justiça, não é colocar todos sob o manto de uma mesma lei, mas, sim, garantir a todos, indistintamente, a liberdade de desenvolver a personalidade de forma plena, ou seja, deixar a cada um o direito de escolher, segundo seus próprios anseios e necessidades pessoais, quais serão os direitos que melhor

---

(39) *Ibidem*, p. 73.

assegurar-lhe-iam o desenvolvimento da personalidade, resguardando a lei somente o direito a essa liberdade. Vale salientar que essa liberdade a que Kant se reporta é o atributo do indivíduo de só obedecer às leis as quais deu o seu consentimento.

Para o nosso orgulho, nessa linha de pensamento humanista, se conduzem e se fundamentam conceituados e respeitados ícones de grande destaque no âmbito do Judiciário brasileiro, a exemplo da Ministra Fátima Nancy Andrighi, que em uma de suas brilhantes palestras asseverou com acerto:

> [...] Cremos firmemente que o Terceiro Milênio vem marcado pela expectativa de que a humanidade passará por um expurgo, que vivemos a fase preparatória para a regeneração da humanidade.
>
> A complexidade do processo da senda evolucional exige medida que deve ser entendida com a harmonização de todos os campos da vivência em sociedade. [...]
>
> Podemos dar impulso a uma verdadeira reengenharia nos modelos que até hoje utilizamos, com o objetivo de modernizar a máquina administrativa do Poder Judiciário, oferecendo aos nossos irmãos uma justiça mais humanizada.[40]

E, mais adiante, nessa mesma palestra, a Ministra Fátima Nancy Andrighi relatou um inesquecível julgamento proferido pelo juiz "nova-iorquino" *La Guardia*, que, segundo ela, atraía multidões para ouvir suas sentenças, por causa da justiça que aplicava.

> Certa feita, foi levado ao tribunal um pobre cidadão que fora surpreendido furtando um pão. Ouvidas as testemunhas, e tendo o réu confessado a prática do crime, *La Guardia*, do alto de sua magistratura, expediu o seguinte veredicto: "Fica o réu condenado à pena de recolher em juízo a multa de cinquenta dólares".
>
> Todos se espantaram e perplexos entreolhavam-se pelo absurdo da punição imposta ao miserável infrator.
>
> Fez-se uma pausa silenciosa e prosseguiu o juiz, dirigindo-se agora não ao réu, mas à plateia atônita:
>
> E todos os senhores, respeitáveis cidadãos americanos, estão condenados a se cotizarem até o valor da multa, por que: **Numa terra onde um homem rouba um pão para mitigar sua fome, todos nós somos culpados!**[41] (Grifo nosso.)

---

(40) Em palestra proferida na Federação Espírita do Estado do Rio de Janeiro – Niterói, 29 de agosto de 2004 – Juizados Especiais de Família e o Espiritismo.

(41) Vale ressaltar que este episódio normalmente é narrado por respeitados palestrantes em todo o mundo quando há necessidade de se enfatizar condutas exemplares fundamentadas na ética, na moral e

A humanização da prestação jurisdicional é também a linha de trabalho adotada pelo Juiz Federal David Diniz Dantas, que inova em suas decisões, promovendo o que também chama de "humanização da Justiça". O magistrado começou a julgar dentro de uma ótica mais humanista a partir da constatação de insuficiências da lei na sua literalidade, para solucionar casos judiciais. E, em virtude de essa visão estar em harmônica sintonia com a ora defendida, vislumbramos oportuno e de grande valia transcrever alguns trechos de sua entrevista à *Revista ISTOÉ* em 5.5.2004, cuja manchete é *A humanização da Justiça*[42]:

Hora de desequilibrar

Por Luiza Pastor e Mário Chimanovitch

Juiz federal inova com decisões baseadas nas condições sociais, e não apenas no que diz o texto das leis: "Só princípios não são suficientes".

Uma verdadeira revolução, **ainda silenciosa**, vem sendo alimentada na Justiça Federal. Um dos expoentes desse movimento é o juiz David Diniz Dantas, de Ribeirão Preto, 47 anos, que tem dedicado seu tempo a fazer o que o comum dos mortais nunca imaginou ser possível: tornar a Justiça mais humana. **Os que estão acostumados à inevitabilidade do ditado *dura lex sed lex* (a lei é dura, mas é a**

---

no justo. Todavia, de acordo com pesquisas e levantamentos biográficos realizados, não encontramos registros históricos a respeito do ocorrido, inclusive também não se encontra tal fato narrado na Autobiografia do La Guardia — *The Making of an Insurgent an Autobiography, 1882-1919* —, conforme é declarado no *website Snopes.com* <http://www.snopes.com/glurge/laguardia.asp>, que é referência para os norte-americanos, fundado por Barbara e David Mikkelson, ambos com 15 anos de experiência como pesquisadores profissionais e escritores. Eles desenvolvem um trabalho amplamente considerado por folcloristas, jornalistas e leitores em geral como um dos recursos essenciais da *web*, e rotineiramente são incluídos em listas de relatório anual do *Best of the Web*, nos EUA. O trabalho deles tem sido considerado meticuloso, acadêmico e confiável inclusive por alguns dos maiores folcloristas do mundo, como Jan Harold Brunvand, Gary Alan Fine e Patricia Turner. Eles já foram, em virtude da seriedade desses trabalhos de pesquisa que desenvolvem, convidados por vários programas de notícia de jornais importantes, como 20/20, *ABC World News, CNN Sunday Morning*. Seus trabalhos já foram divulgados em inúmeras publicações de noticiários relevantes, como: *New York Times, Los Angeles Times, Washington Post, Wall Street Journal and Reader's Digest*, na Revista *Your America: Inspiring People and Stories*. Mas, de qualquer forma, um julgamento nestes moldes sempre será um grande exemplo.

Quanto ao "juiz" La Guardia, é de grande valia ressaltar que trata-se de Fiorello Henry LaGuardia, nascido em New York, no dia 11 de dezembro de 1882, e falecido em 20 de setembro de 1947. Foi o 99º prefeito desta cidade por três mandatos, de 1934 a 1945, como um republicano liberal, e foi aclamado como um dos maiores prefeitos da história norte-americana, um administrador honesto e eficiente. Foi o primeiro ítalo-americano eleito para o Congresso em 1916 e 1918, e novamente de 1922 a 1930. Cursou Direito na Universidade de New York (em 1910). Existe uma estátua em sua homenagem em Greenwich Village, NYC. *Fiorello LaGuardia, Biography.com*. Disponível em: <http://www.biography.com/people/fiorello-la-guardia-9371430> Acesso em: 8.11.2011.

(42) *Revista ISTOÉ* independente *On-Line*, edição 1804, 5.5.2004. Disponível em: <http://www.terra.com.br/istoe/1804/1804_vermelhas_01.htm> Acesso em: 3.5.2007.

lei, em latim), hoje respiram aliviados com decisões que estabeleceram uma nova visão do que deve ser a Justiça: uma defensora dos princípios morais que a Constituição e o bom senso determinaram como parâmetros para a vida. [Grifo nosso]

Um exemplo do tipo de sentença do juiz aconteceu com M, menina de um ano e meio, que sofre de doença raríssima e que, sem um remédio importado não disponível na rede pública, morreria. Pelo que estabelece a lei, a criança não teria direito ao medicamento gratuito — mas decisão da Justiça Federal a contemplou com o que, em essência, foi considerado direito à vida. Uma decisão que, no seu parecer, incluiu a subjetivíssima declaração do juiz Dantas, de que a demanda fazia "partir o coração". Nada mais distante do positivismo e da tradição iluminista que norteiam a aplicação das leis no Brasil desde o século XIX.

Outro caso foi o do funcionário do extinto Instituto Brasileiro do Café (IBC) em Beirute, que teve sua casa destruída por uma bomba na guerra civil do Líbano. Pela lei brasileira, por não se tratar de ato sofrido em território nacional, o funcionário não teria direito a indenização. Invocado o princípio da solidariedade, obrigou-se a União a pagar pelos danos. Afinal, se o País se beneficiava dos frutos do trabalho do funcionário também deveria ser solidário com ele nos prejuízos. Dantas deu entrevista a ISTOÉ na semana em que lançava o livro *Interpretação constitucional no pós-positivismo*.

ISTOÉ — Como foi que o sr. começou a julgar dentro dessa ótica mais humanista?

David Diniz Dantas — A partir da constatação da insuficiência de um modelo que é a perspectiva positivista, formalista. Vemos diariamente insuficiências da lei na sua literalidade para solucionar os casos judiciais. Casos rotineiros, como os da Previdência Social, de ações de simples despejo, para as quais o texto da lei dá solução inadequada se levarmos em conta as concepções de Justiça que se tem na sociedade. Como o despejo de um senhor de 90 anos de idade. Realmente, ele não pagara o aluguel, e todos os requisitos legais para ele ser despejado estavam presentes. Mas pergunta-se: será que o juiz precisa mesmo determinar o despejo? Temos princípios morais que protegem esse senhor, que são a proteção ao idoso, o direito à moradia. Portanto, o julgador pode analisar essa questão à luz desses princípios morais para fazer um julgamento que tenha muito maior poder de persuasão e aceitação pela sociedade do que a aplicação do rigor.

ISTOÉ — Há mais magistrados tomando decisões com base nesses princípios? Seria uma tendência?

Dantas — Eu não diria que é tendência, mas sim uma verdadeira necessidade atual, de o Direito, a Justiça, o Judiciário responderem a questões de complexidade social. Temos uma complexidade social que não se adequa ao nosso sistema de leis estratificado. Os casos não conseguem receber uma decisão social adequada. Então, ocorre que os juízes federais, que são os que aplicam eminentemente a Constituição — que incorpora princípios morais, como o de igualdade, de solidariedade, etc. —, tendem a encarar os casos sob o aspecto principiológico.

ISTOÉ — E qual é a diferença entre o princípio e a regra escrita?

Dantas — A regra, o texto da lei, por exemplo, diz que o limite mínimo de idade para a aposentadoria é 65 anos, mas o demandante tem 59 anos, então ele não tem direito. Já o princípio permite fazer essa ponderação, um balanceamento da situação à luz dos princípios, em oposição à norma do tudo ou nada da lei. Tenho um arsenal argumentativo muito maior com os princípios. Os juízes federais são os que atualmente mais têm usado essas possibilidades de completar o direito com amplitude.

ISTOÉ — Como as instâncias superiores recebem essas decisões?

Dantas — Estão sendo aceitas. Várias decisões embasadas em princípios morais têm sido acatadas e o próprio Supremo Tribunal Federal (STF) se mostra sensível a isso. Hoje, inclusive, há uma experiência pioneira na Escola de Magistratura Federal aqui de São Paulo, que é o curso de filosofia para juízes. O tema do curso é o melhor possível: Justiça. Segundo um autor americano, a filosofia é o prólogo de todas as decisões judiciais. Por mais singela que uma decisão judicial seja, há uma concepção filosófica por trás dela. Seja uma concepção conservadora, formalista, seja uma concepção progressista, democrática que vai ser apresentada. Enfim, sem uma concepção filosófica não temos decisões judiciais efetivamente justas.

ISTOÉ — Por que a filosofia?

Dantas — Porque ela me permite discutir o que é importante no caso que tenho diante de mim. O que o Direito exige de mim nesse caso? Eu não tenho que saber, para julgar, só o que o texto da lei estabelece, mas algo acima disso: o que o Direito exige? O caso que eu tenho de julgar precisa corresponder a uma concepção de justiça minha, subjetiva, individual, ser algo que a sociedade olhe e compreenda.

"O Judiciário é um poder carente, já que não foi escolhido pela maioria, democraticamente. Essa legitimação vem do exercício, da atuação."

ISTOÉ — Nos 20 anos de magistratura que o sr. tem, o que o despertou para esse enfoque?

Dantas — As injustiças da lei. Casos como aquele em que a lei diz que para a pessoa ter um benefício previdenciário tem que ter ou mais de 65 anos de idade ou ser inválido. Houve o caso de uma pessoa que sempre trabalhou no campo, desde os sete anos, sem carteira assinada, e que aos 59 anos veio requerer a aposentadoria. Era tecnicamente idoso, visivelmente idoso, e o princípio que devia estar por trás da decisão é a proteção ao idoso. Ora, se eu aplicasse a lei, julgaria improcedente o pedido de um homem de 60 anos, que aparentava mais de 80 e vivia da pensão da mãe, de 94. **A lei me impede de julgar esses casos com justiça.** Casos como o do ancião ameaçado de despejo mostraram a insuficiência e a incompletude do modelo legal. Tudo isso nos leva à conclusão de que as pessoas têm direitos morais que precisam ser considerados pelos nossos governos. [Grifo nosso.]

ISTOÉ — Mas os governos sempre dizem que têm as mãos atadas pelas leis...

Dantas — Mas se os governos não consideram os direitos morais das pessoas, os juízes federais, sobretudo, têm o dever de reconhecê--los. **Isso leva a duas situações na hora de aplicar os direitos morais: uma situação em que eu não tenho a lei, ou em que a solução que a lei mostra vai se chocar com algumas ideias de justiça, como solidariedade, proteção aos pobres ou desigualdade social.** [...] [Grifo nosso.]

"Não adianta incluir na Constituição princípios lindos de justiça social, de proteção aos pobres, se continuo aplicando o legalismo formal." [...] [Grifo nosso.]

Enfim, a humanização, principalmente a humanização da Justiça, da prestação jurisdicional, depende de nossa capacidade de falar e de saber ouvir, pois as coisas do mundo só se tornam humanas quando passam pelo diálogo com nossos semelhantes. E, para tanto, é preciso, sem preconceitos, livrarmo--nos das vaidades e egoísmos, e, através da humanização, buscarmos a democratização da Justiça brasileira, submetendo-nos aos bons brios da modernidade sem nos desvencilharmos, no entanto, das duas "pedras de toque", que são os princípios morais, contidos em nossa consciência, e os princípios espirituais, contidos no Evangelho de Jesus Cristo[43].

Fazendo uma retrospectiva dos últimos 40 anos, percebemos o que esse nosso atual, mas anacrônico, sistema jurisdicional tradicional vem fazendo cada dia melhor: tornar inviável a convivência em sociedade, obstruir o acesso a ele mesmo, levar paulatinamente seus jurisdicionados de volta aos primórdios da humanidade, quando prevalecia a justiça pelas próprias mãos e a Lei de Talião.

E, através dessa percepção, vislumbramos de logo os consectários disso: toda a sociedade vivenciando, cada vez mais forte, um sentimento de descrença, de insatisfação, de revolta contra a impunidade, de aflição, de angústia, de insegurança... O que está provocando uma espécie de "alquimia demoníaca" no coração e no espírito de muitos de seus componentes e dando origem ao desenvolvimento de males psicossomáticos em toda a sociedade, como depressão, ansiedade, transtorno bipolar de humor ou distúrbio bipolar, síndrome do pânico, psicoses maníaco-depressivas e, logicamente, o pior e mais perigoso deles: a agressividade compulsiva, a violência em suas mais diversificadas nuances com a total banalização da vida.

Então, analisando esse quadro fático que vem se desenhando e se agravando desde a década de 1960, pensamos, assim como a ilustre Ministra Fátima Nancy Andrighi, que *o verdadeiro magistrado deve realmente ser aquele ajustado ao seu tempo, rente aos fatos e principalmente rente à vida, nunca olvidando que por trás de cada página que compõe os autos de um processo está um cidadão aflito à espera da decisão justa.* E completamos: um ser humano, um ser espiritual acima de tudo, dotado de sentimentos e emoções, igualmente àqueles que estão na posição de julgadores...

Enfim, sobram argumentos e fatos que não deixam restar sequer "sombras de dúvidas" de que a humanização da Justiça é inexoravelmente necessária, e deve ser urgente!

Tanto é notoriamente caótica a situação, que o próprio Ministério da Justiça, já em 2005, reconheceu que a adoção das formas alternativas de solução de conflitos é de grande necessidade e urgência para o país, pois assim se referiu ao assunto no Relatório que elaborou em 2005 (Acesso à Justiça por Sistemas Alternativos de Administração de Conflitos) em que fez um mapeamento nacional de programas governamentais e não governamentais voltados para resolução dos problemas do Judiciário através da adoção de meios

---

(43) Trecho extraído da Homilia do Cardeal-Patriarca de Lisboa Dom José Policarpo na Missa de Abertura do Ano Judicial, Lisboa, quinta-feira, 26 de janeiro de 2006. Texto difundido pela Agência Ecclesia, publicado em 26.1.2006. Disponível em: <http://www.zenit.org/> Acesso em: 7.3.2007.

alternativos e pacíficos de solução das controvérsias, apontando esta como a melhor solução, conforme abaixo se transcreve:

> [...] No entanto, olhando com atenção o problema do Judiciário brasileiro, percebe-se que a simples reforma legislativa não será suficiente para torná-lo mais célere e democrático. É preciso uma verdadeira revolução institucional, por meio da qual aquele poder se imbrique de uma nova cultura, adotando modos diversos de solução de conflitos.
>
> Já é passada a hora de o Brasil incorporar aquilo que o mestre Cappelletti chamou de terceira onda do acesso à Justiça, centrada não apenas na estrutura clássica do Judiciário, mas "no conjunto geral de instituições e mecanismos, pessoas e procedimentos utilizados para processar e mesmo prevenir disputas nas sociedades modernas".
>
> Daí a importância de uma pesquisa da natureza desta que apresentamos.
>
> Sem um fortalecimento expressivo dos mecanismos alternativos de resolução de conflitos, o Judiciário continuará sofrendo a situação absurda de uma quantidade não absorvível de pretensões e, ao mesmo tempo, de uma demanda reprimida de milhões de pessoas sem acesso à Justiça. Os meios alternativos podem contribuir nas duas pontas do problema, tirando alguns conflitos da estrutura clássica do Judiciário e resolvendo aqueles que nunca chegariam a ela.[44]

E vale dizer, neste mesmo relatório, o Ministério da Justiça também reconhece a necessidade de humanizar a prestação jurisdicional tomando como base os princípios fundamentais adotados pela ONU, senão vejamos:

> III — PROMOÇÃO DA PAZ E DESENVOLVIMENTO HUMANO: A IMPORTÂNCIA DO ACESSO À JUSTIÇA
>
> A promoção e a manutenção da paz e do desenvolvimento dos povos constituem o principal objetivo das Nações Unidas. A prevenção e resolução de conflitos internacionais e a promoção da paz são princípios fundamentais adotados desde a sua criação e transcritos na Carta da ONU. O acesso a um sistema de Justiça que garanta o cumprimento de direitos e promova a equidade é elemento funda-

---

(44) ALMEIDA, Frederico Normanha Ribeiro de et al. *Acesso à justiça por sistemas alternativos de administração de conflitos* — mapeamento nacional de programas públicos e não governamentais. Ministério da Justiça Brasil, 2005. p. 7.

mental para a paz social em qualquer nação. Na busca do fortalecimento das funções sociais do sistema de Justiça, a implantação de mecanismos alternativos de resolução de conflitos constitui um importante caminho para a oferta de soluções pacíficas e justas aos conflitos vivenciados pelos cidadãos e de fortalecimento e manutenção da coesão social.

O desenvolvimento de sistemas alternativos de resolução de conflitos é uma recomendação das Nações Unidas. O Conselho Econômico e Social das Nações Unidas (ECOSOC), em sua Resolução n. 1.999/26, de 28 de julho de 1999, recomendou que os Estados considerem, no contexto de seus sistemas de Justiça, o desenvolvimento de procedimentos alternativos ao processo judicial tradicional e a formulação de políticas de mediação e de justiça restaurativa. Essas medidas visam o desenvolvimento de uma cultura favorável a sistemas alternativos de resolução de conflitos nas autoridades judiciais, sociais e outras responsáveis pelo cumprimento da lei e pelo atendimento e promoção dos direitos do cidadão. [...].[45] [Grifo nosso.]

E, só para demonstrar o quanto é antigo este problema de falta de acesso ao Poder Judiciário e de morosidade da Justiça, e o quanto é importante que todos nós, juristas e jurisdicionados, nos empenhemos em busca de soluções do alcance das que estão sendo aqui propostas para a nossa Justiça, vislumbramos apropriado citar um curioso decreto imperial chinês, o qual também já foi citado em memoráveis palestras da Ministra Nancy Andrighi, expedido pelo imperador Hang Hsi, no qual ele tentou resolver estes mesmos problemas ora abordados, em tempos bastante remotos, na China do século VII, de uma forma nada humanizada, senão vejamos:

> Ordeno que todos aqueles que se dirigirem aos tribunais sejam tratados sem nenhuma piedade, sem nenhuma consideração, de tal forma que se desgostem tanto da ideia do Direito quanto se apavorem com a perspectiva de comparecerem perante um magistrado.
>
> Assim o desejo para evitar que os processos se multipliquem assombrosamente, o que ocorreria se inexistisse o temor de se ir aos tribunais.
>
> O que ocorreria se os homens concebessem a falsa ideia de que teriam à sua disposição uma justiça acessível e ágil.
>
> O que ocorreria se pensassem que os juízes são sérios e competentes.

---

(45) *Ibidem*, p. 11.

Se essa falsa ideia se formar, os litígios ocorrerão em número infinito e a metade da população será insuficiente para julgar os litígios da outra metade.⁽⁴⁶⁾

Aos olhos dos mais insensíveis ou precipitados, bem como daqueles que seguem uma linha de pensamento mais concretista, a proposta de humanização da prestação jurisdicional ora lançada poderá parecer, a um primeiro momento, um tanto quanto filosófica demais, ou até mesmo utópica, simplesmente por não estar calcada apenas em regras jurídicas positivadas, ou em normas de Direito criadas pelo homem, mas, sim, em regras morais e de Direito Natural, criadas por Deus, bem como no resgate e na prática de conceitos e princípios inatos do ser humano, os quais, atualmente, estão em desenfreada decadência pelo reiterado desuso e banalização. Mas, podem acreditar, prezados leitores, este é um caminho promissor para debelar a crise do Judiciário!

Afinal de contas, não podemos deixar que a nossa realidade se restrinja a insucessos reiterados, e continue fazendo jus ao que declarou com bastante sensatez o nosso saudoso e ilustre Rui Barbosa de Oliveira, patrono dos advogados, certamente já decepcionado com o comportamento de alguns componentes da sociedade de sua época:

> [...] A falta de justiça, Srs. Senadores, é o grande mal da nossa terra, o mal dos males, a origem de todas as nossas infelicidades, a fonte de todo nosso descrédito, é a miséria suprema desta pobre nação.
>
> [...] A injustiça, Senhores, desanima o trabalho, a honestidade, o bem; cresta em flor os espíritos dos moços, semeia no coração das gerações que vêm nascendo a semente da podridão, habitua os homens a não acreditar senão na estrela, na fortuna, no acaso, na loteria da sorte, promove a desonestidade, promove a venalidade...
>
> [...] De tanto ver triunfar as nulidades, de tanto ver prosperar a desonra, de tanto ver crescer a injustiça, de tanto ver agigantarem-se os poderes nas mãos dos maus, o homem chega a desanimar da virtude, a rir-se da honra, a ter vergonha de ser honesto...⁽⁴⁷⁾

Portanto, não se pode olvidar que ideias como estas aqui defendidas, que podem, como foi dito, aos olhos de alguns, parecerem até absurdas, podem

---

(46) SPRENKEL, Sybille Van der. Legal Institutions in Manchú China. In: SPRENKEL, Sybille van der. A sociological analysis. *London School of Economics Monographs on Social Anthropology*, n. 24, New York: The Humanities, vi, p. 178, 1962.
(47) Trecho do discurso de Rui Barbosa na ocasião do *Requerimento de Informações sobre o Caso do Satélite — II*. Senado Federal. Rio de Janeiro, Sessão em 17 de dezembro de 1914, Obras Completas de Rui Barbosa, v. 41, t. 3, p. 86, 1914 (Não há original no Arquivo da FCRB). Disponível em: <http://www.casaruibarbosa.gov.br> Acesso em: 11.2011.

também estar iniciando uma Nova Era neste século XXI, uma histórica evolução da humanidade, a exemplo das ideias kantianas difundidas a partir do final do século XVIII, já mencionadas no presente trabalho, as quais, apesar das duras críticas, impulsionaram uma série de importantes revoluções ao longo do século XIX, como a difusão do liberalismo político por todo o continente europeu, e foram historicamente marcantes para toda a humanidade, uma vez que, surpreendentemente, ao final, significaram um grande progresso político, moral e social.

Por fim, é relevante lembrar que, além das teorias kantianas, bem como as de Roscoe Pound, ambas já abordadas, nossa proposta de humanização da Justiça também tem como essenciais supedâneos três importantíssimos princípios constitucionais fundamentais, conforme já revelamos *ab initio*, quais sejam: a dignidade da pessoa humana, o direito de acesso à Justiça e a própria instituição e consolidação de um verdadeiro Estado Democrático de Direito, uma vez que, objetiva-se, através da adoção de formas alternativas e pacíficas de solução das controvérsias, e da humanização da própria prestação jurisdicional, alcançar uma verdadeira democratização do acesso à Justiça nesse país! Pois é preciso saber que não adianta "apenas" reclamar da violência fazendo caminhadas pela paz, enquanto se sente na pele seu avanço colossal numa estúpida velocidade; não adianta reclamar da morosidade e ineficiência da Justiça, "apenas" clamando que se faça Justiça... Sabendo-se, no entanto, que todo o Judiciário, sem exceção, não está mais conseguindo prestar a mínima tutela jurisdicional, e muito menos a chamada tutela jurisdicional adequada, que é garantida constitucionalmente; assim como também não adianta absolutamente nada dizer que são princípios constitucionais fundamentais "a dignidade da pessoa humana", o "Estado Democrático de Direito" e "o acesso à Justiça" apenas porque estão expressamente escritos no texto constitucional... Enquanto a sociedade é vítima, a cada dia, da inacessibilidade à plena justiça e a uma ordem jurídica justa, do mais absurdo descaso da fome, da miséria, da violência urbana e institucional, da insegurança, da corrupção política, da mediocridade e da hipocrisia dos seus próprios representantes etc.

Em todos estes casos, impõe-se adotar uma postura severa, mas pacificamente revolucionária e efetivamente eficaz para solucionar de verdade cada um destes problemas.

Em relação ao princípio da dignidade da pessoa humana, nos ensina a doutrina de Alexandre de Moraes:

> A dignidade da pessoa humana: concede unidade aos direitos e garantias fundamentais, sendo inerente às personalidades humanas. Esse fundamento afasta a ideia de predomínio das concepções transpessoalistas de Estado e Nação, em detrimento da liberdade

individual. A dignidade é um valor espiritual e moral inerente à pessoa, que se manifesta singularmente na autodeterminação consciente e responsável da própria vida e que traz consigo a pretensão ao respeito por parte das demais pessoas, constituindo-se um mínimo invulnerável que todo estatuto jurídico deve assegurar, de modo que, somente excepcionalmente, possam ser feitas limitações ao exercício dos direitos fundamentais, mas sempre sem menosprezar a necessária estima que merecem todas as pessoas enquanto seres humanos.[48]

Quando falamos na necessidade e urgência de se implementar a humanização da Justiça e da prestação jurisdicional em nosso ordenamento jurídico, o fazemos com a preocupação precípua de resgatar e tornar efetiva a real e principal finalidade da jurisdição, que é a pacificação social, pois é preciso lembrar que uma ordem jurídica justa não se obtém até que se alcance a efetivação dos seguintes princípios constitucionais: da cidadania e do acesso à Justiça (art. 1º, I c/c art. 5º, XXXV, da CF/1988), da integridade física, moral e social (art. 5º, X, da CF/1988), no sentido de se assegurar incondicionalmente a dignidade da pessoa humana (art. 1º, III, da CF/1988), e, ainda, da garantia da celeridade dos processos, e, sobretudo, da moralidade das decisões, para que então se torne efetivamente concreto o preceito do art. 5º, III, da CF/1988, em que é assegurado e consagrado o direito do indivíduo de não ser submetido a tratamento desumano ou degradante.

Nesse mesmo sentido é o entendimento dos grandes mestres do Direito, Antonio Carlos de Araújo Cintra, Ada Pelegrini Grinover e Cândido Rangel Dinamarco, ao afirmarem que "a jurisdição é uma das funções do Estado, mediante a qual este se substitui aos titulares dos interesses em conflito para, imparcialmente, buscar a pacificação do conflito que os envolve com justiça". E continuam: "A realização do direito objetivo e a pacificação social são escopos da jurisdição em si mesma, não das partes"[49].

Conforme nos ensina a lição dos já citados juristas, Cintra, Grinover e Dinamarco, a ordem jurídica justa, à luz da instrumentalidade do processo, é assumir que o processo não está ligado com a lei material, ou seja, o processo não é somente direito adjetivo e direito material, não é somente direito substantivo. Senão vejamos:

> O Estado é responsável pelo bem-estar da sociedade e dos indivíduos que a compõe; e, estando o bem-estar social turbado pela existência de conflitos entre pessoas, ele se vale do sistema processual para, eliminando os conflitos, devolver à sociedade a paz

---

(48) MORAES, Alexandre de. *Direito constitucional*. 11. ed. São Paulo: Atlas, 2002. p. 50.
(49) CINTRA et al. *Teoria geral do processo*, 1999. p. 132-133.

desejada. O processo é uma realidade desse mundo social, legitimada por três ordens de objetivos que através dele e mediante o exercício da jurisdição o Estado persegue: sociais, políticos e jurídico. A consciência dos escopos da jurisdição e sobretudo do seu escopo social magno da pacificação social constitui fator importante para a compreensão da instrumentalidade do processo, em sua conceituação e endereçamento social e político.[50]

E, continuam os autores na obra já citada, asseverando que:

[...] o acesso à justiça, a instrumentalidade do processo como formas da consecução de uma ordem jurídica justa, devem superar os óbices econômicos e jurídicos que se antepõem ao livre acesso à justiça, bem como, o processo como meio de aplicação da jurisdição, deve atender aos princípios constitucionais da dignidade da pessoa humana, da vida e da saúde.

E, sob o mesmo diapasão, é a dicção de Mauro Cappeletti e Bryant Garth:

O "acesso" não é apenas um direito social fundamental, crescentemente reconhecido; ele é, também, necessariamente, o ponto central da moderna processualística. Seu estudo pressupõe um alargamento e aprofundamento dos objetivos e métodos da moderna ciência jurídica.[51]

Portanto, podemos concluir que a ordem jurídica justa só é concretizada, empiricamente falando, se a prestação jurisdicional for adequadamente satisfatória, isto é, se conseguir atingir seu verdadeiro escopo, que é facilitar o acesso à Justiça e alcançar a pacificação social efetiva, seja através de um devido processo legal em sentido tradicional, seja através dos equivalentes jurisdicionais, mas que, de qualquer forma, culmine numa decisão justa, eficaz e garantidora da chamada segurança jurídica.

Após uma profunda reflexão sobre a proposta aqui lançada, seus sólidos fundamentos e a necessidade imperativa de concretizá-la com urgência, faz-se mister reconhecer: assim como a teoria liberal kantiana tem enfrentado grandes obstáculos ao ser ainda incapaz de atingir plenamente uma considerável parcela dos países em todo o mundo, os quais ainda mantêm regimes contrários à concepção liberal, acreditamos, assim como Kant acreditava, que todos sejam capazes de discernir o ato justo do ato injusto através do uso da razão, mas que, infelizmente, muitos sempre preferirão "conscientemente" adotar a opção moralmente errada, a fim de satisfazer seus egoísticos anseios e alcançar objetivos particulares em detrimento dos demais.

---

(50) *Ibidem*, p. 42.
(51) CAPPELLETTI, Mauro; GARTH, Bryant. *Acesso à justiça*, 2002. p. 13.

Mas, ao contrário de Kant, não desconsideramos a possibilidade de que muitos deixem, simplesmente, de fazer uso de suas capacidades de raciocínio, substituindo-as por convicções passionais que desprezam a razão, de modo a adotar posturas altamente lesivas ao restante da sociedade, uma vez que, na nossa concepção, as chagas que mais corroem, adoecem e maltratam a nossa atual sociedade são exatamente fruto destes indivíduos e de seus atos inconsequentes, destes indivíduos que parecem não ter consciência, parecem nem ser humanos, pois só conseguem cativar o seu próprio egoísmo, vaidade, exacerbação de suas riquezas vis e "lutar" para satisfazer todas as suas doentias ambições...

3. O Instituto da Conciliação — Breve Histórico e Considerações Iniciais

> *"Aprendemos a voar como pássaros, e a nadar como peixes, mas não aprendemos a conviver como irmãos."*
>
> Martin Luther King

Para inaugurar este capítulo, por muito se harmonizar às ideologias, aos fundamentos e às perspectivas do presente trabalho, decidimos transcrever a opinião de um renomado e respeitado processualista brasileiro a respeito da necessidade de se recorrer a outras soluções para a melhoria e modernização do nosso sistema processual, o mestre gaúcho Galeno Lacerda; e, logo após, nesta ordem, uma interessante história para reflexão de todos, em virtude de ela também muito se adequar ao espírito deste singelo trabalho, costumeiramente contada pela célebre jurista e ilustre Ministra do STJ, que é sobretudo um excelente exemplo de "ser humano" a se seguir, Fátima Nancy Andrighi, em várias de suas palestras.

Nesta ordem, vejamos:

> Quando as coisas instituídas falham, por culpa de fatores estranhos a nossa vontade, convém abrir os olhos às lições do passado para verificar se, acaso, com mais humildade, dentro de nossas forças e limites, não podem elas nos ensinar a vencer desafios do presente.[52]

---

(52) Dos juizados de pequenas causas. In: *Rev. AJURIS*, n. 27, p. 7-8. Conciliação e juizados de pequenas causas. In: WATANABE, Kazuo (coord.). *Juizado especial de pequenas causas*. São Paulo: RT, 1985. p. 159.

[...]

Numa terra em guerra, havia um rei que causava espanto.

Cada vez que fazia prisioneiros, não os matava, levava-os a uma sala, onde havia um grupo de arqueiros em um canto e uma imensa porta de ferro no outro, na qual estavam gravadas figuras de caveiras cobertas por sangue.

Nesta sala, ele os fazia ficar em círculo e, então, dizia: "vocês podem escolher entre morrer flechados por meus arqueiros, ou passar por aquela porta e por mim lá serem trancados".

Todos os que ali passaram, escolhiam serem mortos pelos arqueiros.

Ao término da guerra, um soldado que por muito tempo servira o rei disse-lhe:

— Senhor, posso lhe fazer uma pergunta?

— Diga, soldado.

— O que havia por detrás da assustadora porta?

— Vá e veja, disse o Rei.

O soldado então a abre vagarosamente e percebe que, à medida que o faz, raios de sol vão adentrando e clareando o ambiente, até que, totalmente aberta, nota que a porta levava a um caminho que sairia rumo à liberdade.[53]

A exemplo da história acima, devemos reconhecer que a adoção de formas alternativas de solução das controvérsias no âmbito jurisdicional está abrindo as portas para uma nova realidade ao Poder Judiciário, e a todos nós, juristas e jurisdicionados, tanto isso é uma verdade que, não é à toa, a adoção destes meios alternativos pelos tribunais ao redor do mundo é chamada por muitos estudiosos de sistema tribunal multiportas ou *Multi-door Courthouse*, haja vista que este foi o modelo idealizado pelo professor norte-americano Frank E. A. Sander, da Harvard Law School, conforme já abordamos logo no início da obra.

A proposta lançada, de humanizar a Justiça e implementar uma *Jurisdição da Paz*, visa resgatar de uma vez por todas a imagem do Poder Judiciário, sua hegemonia e credibilidade, dando uma esperança a todos de conseguir debelar essa crise do processo através da sistematização e efetiva utilização de mecanismos alternativos de acesso à Justiça, de meios pacificadores de litígios que têm como maior objetivo facilitar o acesso à Justiça, tornar a prestação jurisdicional mais célere, democrática e, acima de tudo, mais humanizada e menos mecanizada.

---

(53) Pronunciamento proferido em ocasião do Congresso de Direito Processual Civil em Porto Alegre, em 22 de março de 2002.

E, nesse diapasão, para conseguirmos restaurar o Poder Judiciário e aniquilar a crise do processo, precisamos, preliminarmente, erradicar os males endêmicos da administração da Justiça, que, segundo Ramón Soriano[54], são três: as incertezas do Direito, a lentidão do processo e os seus altos custos. Só assim, uma vez que eliminados tais obstáculos, com certeza a prestação jurisdicional atingirá sua plenitude na busca da paz e da justiça social.

Cremos que, para atingirmos esse estágio humanizado da prestação jurisdicional, devemos nos reestruturar como juristas e como seres humanos; inicialmente, devemos desprezar por completo alguns pensamentos preconceituosos sobre a utilização dos métodos alternativos de resolução pacífica das controvérsias, ainda por alguns difundidos, segundo os quais,

> do conjunto de estudos sobre a conciliação, pode-se concluir que, durante um longo período, os métodos informais de solução dos conflitos foram considerados como próprios das sociedades primitivas e tribais, ao passo que processo jurisdicional representou insuperável conquista da civilização.

Essa linha de pensamento, definitivamente, não se coaduna com a nova visão de justiça atrelada à evolução espiritual, moral e cultural do ser humano, impulsionada pela globalização. Modernamente, não há espaço para anacronismos, pois já está comprovado que essa chamada "insuperável conquista da civilização" encontra-se desde muito tempo em acelerada decadência, perdendo a rédea da situação...

Atualmente, as principais formas ou meios alternativos de solução ou pacificação de conflitos intersubjetivos de interesses são: conciliação, negociação, arbitragem e mediação, dentre outras utilizadas particularmente em alguns países.

Neste capítulo iremos nos ater ao instituto da conciliação, abordando amplamente seus principais aspectos e características, bem como suas vantagens como meio de resolução pacífica de litígios, a interessante proposta do CNJ — Conselho Nacional de Justiça —, no sentido de promover a utilização do referido instituto, e, por fim, o destaque internacional, um exemplo a ser seguido.

É relevante não se olvidar, antes de qualquer coisa, que a promoção e manutenção da paz e do desenvolvimento dos povos constituem o principal objetivo das Nações Unidas. A prevenção e resolução de conflitos internacionais e a promoção da paz são princípios fundamentais adotados desde a sua criação, e transcritos na Carta da ONU, e que o desenvolvimento de sistemas alternativos de resolução de conflitos é uma recomendação das Nações Unidas. O Conselho Econômico e Social das Nações Unidas (Ecosoc), em sua

---

(54) SORIANO, Ramón. *Sociologia del derecho*. Barcelona: Ariel, 1997. p. 423.

Resolução n. 1.999/26, de 28 de julho de 1999, recomendou que os Estados considerem, no contexto de seus sistemas de Justiça, o desenvolvimento de procedimentos alternativos ao processo judicial tradicional e à formulação de políticas de mediação e de justiça restaurativa. Essas medidas visam ao desenvolvimento de uma cultura favorável a sistemas alternativos de resolução de conflitos nas autoridades judiciais, sociais e outras responsáveis pelo cumprimento da lei e pelo atendimento e promoção dos direitos do cidadão[55].

A conciliação no ordenamento jurídico brasileiro pode ser considerada avoenga, não é nada nova, pois tem raízes na Constituição do Império de 1824, o art. 161 que dispunha expressamente: "sem se fazer constar que se tem intentado o meio da reconciliação, não se começará processo algum". E o art. 162 que dizia: "para esse fim haverá juiz de paz...".

Portanto, como visto, a Constituição do Império instituiu a conciliação prévia como condição essencial de procedibilidade para todos os processos cíveis.

O Regulamento n. 737, de 25.11.1850 (Decreto imperial n. 737, de 1850), art. 23, era taxativo a respeito da conciliação prévia. A Constituição Republicana de 1891 manteve a regra do Regulamento n. 737[56].

A Consolidação das Leis de Processo Civil do Conselheiro Ribas [Conselheiro Antônio Joaquim Ribas — que passou a ter força de lei em virtude da resolução imperial de 28 de dezembro de 1876], no art. 185, determinava que, em regra, nenhum processo poderia começar sem que se fizesse constar que se tivesse intentado o meio de conciliação perante o juiz de paz.

Todavia, infelizmente, a partir da Constituição de 1934, em virtude da grande influência do direito processual italiano no Brasil, e consequente Federalização do Direito Processual, esse importante instituto foi afastado do ordenamento jurídico pátrio, segundo o ilustre Prof. Cláudio Lembo[57].

Na nossa atual Constituição, o juiz de paz recupera apenas parcialmente sua importância funcional, pois o inciso II do art. 98 dispõe que, na forma da lei, o juiz de paz poderá exercer "atribuições conciliatórias, sem caráter jurisdicional, além de outras previstas na legislação". E, infelizmente mantém-se aquém em relação à Constituição do Império, de 22.3.1824, já citada, que dispôs sobre o juiz de paz em seus arts. 161 e 162, em nosso ver, dando-lhe muito

---

(55) ALMEIDA, Frederico Normanha Ribeiro de et al. *Acesso à justiça por sistemas alternativos de administração de conflitos* — mapeamento nacional de programas públicos e não governamentais. Ministério da Justiça Brasil, 2005. p. 11.

(56) Palestra proferida pela ministra Fátima Nancy Andrighi na V Jornada Brasileira de Direito Processual Civil, Foz do Iguaçu, 8 de agosto 2003. *Conciliação e realidade brasileira*, p. 5. Disponível em: <http://bdjur.stj.gov.br> Acesso em: 14.11.2006.

(57) *Ibidem*, p. 6.

mais ênfase e importância no contexto jurisdicional, por isso teriam muito mais efetividade na prática atualmente; bem como o art. 185 da Consolidação das Leis de Processo Civil do Conselheiro Antônio Joaquim Ribas (de 1876), o qual determinava que, em regra, nenhum processo poderia começar sem que se fizesse constar que se tivesse intentado o meio de conciliação perante o juiz de paz.

E, como se não bastassem tais retrocessos, em 2008 o Conselho Nacional de Justiça recomendou aos tribunais de Justiça do país a regulamentação da função de juiz de paz, "o qual deve ser escolhido por eleições diretas", conforme também determina o art. 98, inciso II da nossa atual Constituição Federal, no qual se estabelece que o juiz de paz, que celebra casamentos, deve ser eleito por voto direto, universal e secreto com mandato de quatro anos, sem contudo exigir qualificações específicas ou habilidades jurídicas do indivíduo para se habilitar como candidato, apenas a idade mínima de 21 anos, conforme previsto no art. 14, § 3º, inciso VI, alínea c, da CF/1988, o que, em nosso sentir, gera um certo descrédito tanto em relação à função do juiz de paz, bem como da própria figura do "magistrado" em si, haja vista que não se fará um controle quanto ao acesso de pessoas despreparadas, não se previu uma prévia filtragem quanto a isso, e, portanto, certamente não vai garantir à população grandes resultados.

Enfim, quanto à Justiça de Paz, verifica-se que a nossa Lei Fundamental está perdendo uma grande oportunidade de enquadrar o juiz de paz no contexto das formas alternativas e pacíficas de resolução de conflitos, com implantação de uma verdadeira Jurisdição da Paz, no sentido de inserir em nosso ordenamento figura assemelhada ao Juiz-Mediador, a exemplo da Alemanha, onde o Projeto Modelo Juízes-Mediadores (*Modellprojekt "Güterichter"*) foi implantado desde 2005, com fulcro no § 278, abs. 2 do ZPO, na cidade-estado de Hamburgo e no estado da Baviera com muito sucesso, pois nos processos mediados em 2005, adotando-se este modelo, 70% deles alcançaram resultados positivos[58]. Todavia, na Constituição de 1988 apenas há previsão de atividades conciliatórias do juiz de paz.

Então, diante disso, infelizmente, a previsão que se tem com a concretização dessa Justiça de Paz nos moldes atuais é apenas de onerar mais ainda o Poder Público, visto que a função é remunerada, sem contudo trazer grandes perspectivas de evolução à prestação jurisdicional propriamente dita, já que a funcionalidade do cargo nos níveis esperados jamais será alcançada nestes moldes atuais.

---

(58) BUGS, Diego Carvalho, A influência alemã na audiência de conciliação prevista no Projeto de Lei n. 4.799/2002 e anteprojeto do código de processo civil brasileiro. *Revista Eletrônica Jurídico*, Institucional do Ministério Público do Rio Grande do Norte, v. 1, n. 1, mar./abr. 2011. Disponível em: <http://www.mp.rn.gov.br/revistaeletronicamprn/> Acesso em: 10.2011.

O retorno da conciliação em nosso ordenamento jurídico atual foi realmente com a implantação dos Juizados Informais de Conciliação, nos quais a conciliação era praticada extrajudicialmente e, logo em seguida, com a Lei 9.099/95, que instituiu os Juizados de Pequenas Causas, os atuais Juizados Especiais, que estabeleceu a prática da conciliação no curso do processo, valorizando muito as transações neste âmbito desenvolvidas por passarem a ser consideradas juridicamente como títulos executivos quando realizadas pelo Ministério Público, Defensoria Pública e pelos advogados dos transatores.

Logo em seguida percebe-se a influência da Lei n. 9.099/1995 no âmbito da justiça comum, quando ao CPC foi acrescido o art. 331 e seus parágrafos que tratam expressamente desse instituto.

Na atualidade, o instituto da conciliação passou a receber forte incremento a partir da sua integração no atual Código de Processo Civil, ainda de 1973, como um dos deveres basilares do juiz, conforme disposto no art. 125, inc. VI. Todavia, vale dizer que apesar de haver propostas inspiradas no Direito Processual Alemão no Projeto de Lei n. 7.499/2002, de relatoria do deputado Ricardo Fiúza, e igualmente, logo em seguida, de Maurício Rands, sugerindo alteração do art. 331 do atual CPC [com o objetivo de implantar no rito ordinário a audiência preliminar a partir do recebimento da petição inicial, orientando-se o réu no sentido de que seu prazo para resposta, em caso de não haver acordo, iniciar-se-ia a partir da realização da audiência, possibilitando assim uma autocomposição da controvérsia antes mesmo de ser iniciado qualquer procedimento judicial], tem-se notícia de que, no início do ano de 2011, a Câmara dos Deputados determinou o arquivamento definitivo do Requerimento feito em 2009 que havia solicitado a inclusão do referenciado Projeto na pauta legislativa; portanto não há muitas esperanças de vê-lo ser apreciado. Entretanto, já percebemos que, dentre as alterações propostas no atual Anteprojeto do Novo Código Processual Civil, há proposições de alteração nesse mesmo sentido, as quais em muito se assemelham às sugestões contidas naquele referido projeto de lei que sequer foi apreciado.

Outra proposta que vislumbramos para tornar a conciliação um meio mais efetivo de solução alternativa de conflitos em nosso ordenamento é inseri-la em fase pré-processual, conforme foi adotado com sucesso no Japão, pois nota-se que a conciliação judicial, até o presente momento, não está conseguindo alcançar a excelência de sua utilização com resultados satisfatórios aqui no Brasil, com exceção apenas dos períodos referentes à Semana de Conciliação, que anualmente é organizada e programada em todo o Brasil por determinação do Movimento de fomento à conciliação promovido pelo CNJ, haja vista que as estatísticas comprovam que é um tremendo sucesso, conforme adiante traremos à baila.

Sobre a conciliação, asseverou o mestre italiano Mauro Cappelletti que a Justiça conciliatória tem potencial para constituir uma melhor escolha nas seguintes áreas: conflitos de vizinhança e "instituições totais", como escolas, escritórios, hospitais, bairros urbanos e até mesmo aldeias, onde as pessoas são forçadas a viver em contato diário com vizinhos, colegas, etc.

Mauro Cappelletti, por 35 anos, mostrou-se essencialmente preocupado com questões fundamentais do direito processual, como: o princípio da oralidade, as garantias fundamentais do processo e sua dimensão social, o acesso à Justiça, quer por meio de participação ou pela proteção dos chamados interesses difusos, formas alternativas de tutela e da justiça coexistencial com base em formas de conciliação, o papel do juiz e sua responsabilidade social. Outra importante área de dedicação de Cappelletti foi referente à sua sensibilização quanto à questão da dimensão social do processo, que ele chamou de *copernic revolution* (revolução Copérnica), porque ele quebrou a abordagem tradicional, deixando espaço para que os especialistas processuais voltassem suas atenções para a lei levando em conta a sua eficácia no mundo concreto, valorizando mais o enfoque do processo à luz das necessidades de usuários, abandonando mais a visão tradicionalista da lei apenas como uma regra jurídica coercitiva. Essa visão sociológica do processo de Cappelletti foi um legado de Pierro Calamandrei, daí a experiência compartilhada do Direito Civil e do Direito Comum, fazendo dele um observador privilegiado dos grandes conflitos de valor do século XX, acima de tudo, um insuperável reformador nos estudos de direito processual.

3.1. CONCILIAÇÃO: ABORDAGEM CONCEITUAL, CARACTERÍSTICAS E PRINCIPAIS ASPECTOS

Em relação ao aspecto conceitual do instituto da conciliação, é preciso alertar para a confusão que normalmente se faz em relação à mediação, pois muitos não percebem que cada um deles tem características que lhes são peculiares.

Pode-se conceituar o instituto da conciliação como um meio autocompositivo de resolução de conflitos, em que, através de um processo informal, uma terceira pessoa — o conciliador — tenta apaziguar os ânimos entre as partes litigantes, estimulando a celebração de um acordo, auxiliando o desenvolvimento de um diálogo salutar, e, a partir de uma negociação, propor soluções alternativas levando-as a um acordo verdadeiramente consensual e pacífico que resolva efetivamente a controvérsia sem causar traumas nem desconfortos desnecessários; enfim, sem precisar desgastar a relação entre as partes, e sempre preservando a paz.

A conciliação é um procedimento bem mais célere, pois normalmente se restringe a uma reunião entre as partes que buscam solucionar uma controvérsia e um terceiro, chamado conciliador, que apenas as ajuda a refletir qual seria a melhor solução para a controvérsia e se valeria a pena um enfrentamento litigioso para se resolvê-la.

O procedimento conciliatório se desdobra basicamente em 3 (três) etapas, senão vejamos:

> 1 — Fase inicial da conciliação, ou abertura — na qual o conciliador faz as considerações de praxe, esclarecendo às partes acerca do procedimento conciliatório e de todos os seus consectários jurídicos, como o alcance legal do acordo para cada parte ou a sua impossibilidade;
>
> 2 — Fase de esclarecimentos — em que o conciliador passa a esclarecer às partes sobre ações, comportamentos e iniciativas de cada uma que deram origem ao conflito ali instalado; é nesta fase que ambas as partes têm oportunidade de se manifestarem exteriorizando seus pontos de vista, suas posições, para que o conciliador possa filtrar os pontos controversos e incontroversos da questão, fazendo indagações sobre o fato e a relação efetivamente existente entre as partes;
>
> 3 — Fase de sugestões, ou conclusiva — na qual o conciliador, com o objetivo de alcançar um consenso acerca da controvérsia e, por conseguinte, solucioná-la, cria opções a partir de propostas próprias ou sugeridas pelas partes para então finalizar o acordo, reduzindo-o a termo para posterior assinatura.

Como se percebe, é exatamente em virtude desse procedimento simplificado, sem quaisquer complexidades ou burocracias desnecessárias, que a conciliação é considerada um excelente meio humanizado e alternativo de resolução pacífica dos conflitos, bem mais célere e eficaz que os trâmites judiciais tradicionais, principalmente no concernente a questões que envolvam colisão de veículos, relação de consumo e outras situações eventuais que podem ocorrer independentemente de haver uma relação de convivência entre as partes envolvidas.

3.2. A CONCILIAÇÃO E A PROPOSTA DO CNJ — CONSELHO NACIONAL DE JUSTIÇA: RESULTADOS CONCRETOS

Primeiramente, faz-se necessário esclarecer qual é a proposta do CNJ: a proposta do CNJ é "CONCILIAR". Daí então, pela simplicidade da resposta, pode-se indagar: Por que CONCILIAR? E de pronto vem uma única resposta, a qual foi exatamente o *slogan* que deu vida e publicidade a essa tal proposta que nasceu em 2006 com o Movimento pela Conciliação do CNJ: Porque

"Conciliar é Legal e faz bem"! Tendo sido o dia 8 de dezembro consagrado como o Dia Nacional da Conciliação.

Na verdade, a proposta do CNJ visa concretizar o que está escrito na primeira frase da nossa Constituição Federal, a qual diz que nossa sociedade está "comprometida, na ordem interna e internacional, com a solução pacífica das controvérsias".

Em linhas gerais, o objetivo do Movimento pela Conciliação é estimular o Judiciário a oferecer os serviços de conciliação e incentivar as populações a fazerem uso destes mecanismos. Em outras palavras, o que esse Movimento do CNJ pretende é começar a pôr em prática, como já vêm fazendo vários países, e com bastante êxito, a proposta ora apresentada, ou seja, tornar verdadeiro o sonho de se transformar a **jurisdição da paz** em realidade, humanizando a prestação jurisdicional para se alcançar a plena justiça, democratizando efetivamente a Justiça brasileira, colocando-a ao alcance de todos inicialmente com a criação de núcleos de conciliação nas comunidades.

Portanto, como se pode perceber, o Movimento pela Conciliação do Conselho Nacional de Justiça é uma proposta inserida no contexto da reforma do Judiciário brasileiro que busca uma modernização planejada, integrada e transparente para atender aos verdadeiros anseios da sociedade brasileira contemporânea.

É importante registrar que essa iniciativa do CNJ surgiu, assim como ocorreu em outros países, em virtude da excessiva jurisdicionalização dos conflitos, com o consequente congestionamento do Judiciário, seja em razão do "hábito" que tem a maioria das pessoas de sempre pensar em resolver seus problemas logo acionando a "tradicional Justiça", em virtude da própria cultura jurídica do Brasil, seja em razão da litigiosidade contida, da ineficiência e ausência do Estado ou da outorga de novos direitos ao cidadão, conforme afirmam a Juíza Mariella Nogueira e o desembargador Marco Aurélio Buzzi (Membros da Comissão Executiva do Movimento pela Conciliação).

Então, percebe-se claramente que esse movimento não surgiu do nada, "não surgiu por surgir", ele tem uma nobre causa e razão de ser, afinal de contas, nada é por acaso... Ele surge num momento muito importante não só para o Brasil, mas para todo o mundo, um momento em que todos se mobilizam contra a violência que atinge níveis insuportáveis, numa busca frenética da paz social. E, vale ressaltar, ele foi uma iniciativa do CNJ, através dos conselheiros Germana de Moraes e Eduardo Lorenzoni, com o apoio da então ministra do STF Ellen Gracie, quando na presidência do CNJ e do Supremo Tribunal Federal (STF). Com o apoio da unanimidade de seus integrantes, o Conselho lançou no dia 23 de agosto de 2006 esse promissor Movimento pela

Conciliação que até hoje vem progredindo e superando os ótimos resultados a cada ano, conforme dados estatísticos adiante apresentados.

Conforme Joaquim Falcão[59], em artigo intitulado *Movimento pela Conciliação:*

> [...] é um compromisso dos profissionais jurídicos, sobretudo **juízes**, advogados, promotores e procuradores, de que, antes de aceitarem um caso e levá-lo às últimas etapas de um processo judicial, enfatizarão a fase prévia em que as partes buscarão solução para o conflito. Serão eles próprios os agentes e os produtores da justiça, do acordo, da conciliação. Nada diferente, aliás, do Código de Processo Civil, que determina a tentativa de conciliação prévia em causas que envolvam patrimônio privado, como batidas de automóvel, brigas de vizinhos, compra e venda, e tantos outros, e em algumas causas de direito de família. Essa fase em geral não é suficientemente enfatizada pelos **juízes**, comprometidos com a cultura jurídica atual de justiça imposta e não produzida pelas partes. A conciliação é mais rápida e mais barata do que a sentença. (Grifo original.)

E continua Falcão, citando exemplos comprobatórios da celeridade e eficácia da Conciliação:

> Vejam o exemplo dos Centros de Conciliação em Direito de Família, do **Tribunal de Justiça** de Minas Gerais. Equipes multidisciplinares de psicólogos, advogados e assistentes sociais realizam mais de 66 audiências por dia, com meia hora cada uma. De 2002 a 2004, foram mais de 18 mil audiências, 62,45% das quais terminaram em acordo. Esse tipo de iniciativa é fator de pacificação social, complementar e integrado ao Judiciário. Na conciliação, o resultado vai estar mais próximo da vontade das partes em conflito. Ninguém precisa sentir que saiu perdendo. Chega-se a um acordo porque é vantajoso para os dois lados. Se as partes ajudam a construir o acordo, o incentivo para obedecer ao combinado é maior. Não é à toa que sua importância já estava expressa no Código Comercial de 1850 e na Constituição de 1824. A razão é simples. É mais vantajoso tanto para as partes quanto para o Estado. É economia de tempo e dinheiro. Segundo, o movimento representa também um compromisso com a expansão e o aperfeiçoamento dos Juizados Especiais. Essa criação de Hélio Beltrão e Piquet Carneiro, então com o nome de Juizados de Pequenas Causas, tornou-se a grande justiça do povo brasileiro.

---

(59) Diretor da Escola de Direito da Fundação Getúlio Vargas (RJ) e membro do Conselho Nacional de Justiça.

Ampliar os juizados especiais é ampliar o acesso à justiça, e ampliar o acesso à justiça é diminuir a violência e aumentar a paz social. Pois, infelizmente, há uma relação perversa. Quanto menos as pessoas acreditam na Justiça, e quanto menos têm acesso a ela, mais prevalece a lei do mais forte, mais a violência aumenta. Há uma correlação entre a eficiência da justiça e a paz social. Finalmente, esse movimento, ao lado de outras ações, é também para a formação dos profissionais jurídicos nas técnicas e habilidades necessárias ao treinamento dos conciliadores que ajudarão os **juízes**. Basta dizer que, nas mais de 800 faculdades de direito do Brasil, com raríssimas exceções, o aluno não tem disciplinas ligadas à conciliação ou a outros métodos alternativos de solução de conflitos, como a mediação e a arbitragem. O Movimento pela Conciliação não diminui a essencialidade dos profissionais jurídicos — **juízes**, advogados, procuradores, promotores, defensores públicos. Ao contrário: a conciliação sempre pode ser aprimorada com a participação de profissionais jurídicos, e eventual ilegalidade ou violação de direitos no procedimento conciliatório pode ser examinada pelo Judiciário. (Grifos do original.)

E, em conclusão, assevera:

Todo o sistema judicial sai ganhando com a conciliação. Diminuir a demanda por sentenças é potencializar a atuação dos **juízes** sobre os casos que mais dependem da sua apreciação. Daí o apoio unânime e enfático do CNJ, que tem como uma de suas principais funções a ampliação e democratização do acesso à Justiça. Ampliar esse acesso é contribuir para a paz social.

Conforme informações fornecidas por Corinna Schabbel, Ph.D, em novembro 2006, uma pesquisa realizada pela UNB (Universidade de Brasília) mostrou que 75,2% dos entrevistados indagados sobre a viabilidade da utilização da máquina judiciária para resolver suas controvérsias são de opinião de que vale a pena procurar a Justiça para resolver seus conflitos, **porém, a lentidão e complexidade do Judiciário também aparecem como responsáveis pela desconfiança da população em procurar a Justiça.** (Grifo nosso.)

Diante desses dados concretos, é forçoso reconhecer, a exemplo do próprio Ministério da Justiça, que é preciso e necessário seguir o exemplo de alguns países desenvolvidos que há mais de meio século incrementaram seus tradicionais sistemas judiciários, incorporando nos usos e costumes a efetiva utilização de meios alternativos e pacíficos para solução de conflitos em âmbito jurisdicional, e estão alcançando o objetivo almejado, que é exatamente a humanização da Justiça, oferecendo aos seus jurisdicionados uma Justiça ágil, efetiva, simples, informal e ao alcance de todos.

O Movimento pela Conciliação é um movimento institucional que anualmente lança várias campanhas dando continuidade aos objetivos cruciais para os quais foi criado, visando sobretudo incentivar a cultura da conciliação aqui no Brasil, bem como implantar e consolidar a utilização de outros métodos extrajudiciários de resolução de litígios, como: a negociação, a mediação e a arbitragem.

Conforme o CNJ o objetivo das campanhas desenvolvidas em parceria com os tribunais participantes do movimento pela conciliação é disseminar em todo o país a cultura da paz e do diálogo, desestimular condutas que tendem a gerar conflitos e proporcionar às partes uma experiência exitosa de conciliação.

Em nossa concepção, a proposta do CNJ é por demais oportuna e pertinente, sem falar que representa uma iniciativa ímpar no Brasil, que fomenta e muito contribui para a consolidação dos objetivos determinados pela ONU, principalmente porque o acesso à Justiça, atualmente, é considerado pelas Nações Unidas como um direito humano, e um caminho para a redução da pobreza, por meio da promoção da equidade econômica e social. Afinal de contas defende-se que "onde não há amplo acesso a uma Justiça efetiva e de qualidade, a democracia está em risco e o desenvolvimento não é possível". Portanto, nesse diapasão, o acesso à Justiça *lato sensu* é modernamente reconhecido como essencial ao desenvolvimento humano.

Vale registrar que, conforme notícia veiculada no *website* da Associação dos Magistrados Mineiros (www.amagis.com.br), em 23.11.2006, o Tribunal de Justiça de Minas Gerais foi um dos que de logo aderiram a esse Movimento pela Conciliação lançado pelo Conselho Nacional de Justiça (CNJ), e, pelos comentários do Dr. Luiz Guilherme Marques, teve ótima aceitação da comunidade jurídica, além de excelentes repercussões nos cursos jurídicos, senão vejamos:

> TJMG divulga programação da Semana da Conciliação:
>
> "Conciliar é legal e faz bem" — com esse slogan o Tribunal de Justiça de Minas Gerais adere ao Movimento pela Conciliação, lançado pelo Conselho Nacional de Justiça (CNJ), e realiza, de 4 a 8 de dezembro, a Semana da Conciliação. A abertura oficial da Semana será feita, no dia 4/12, às 10h30, pelo presidente do TJMG, desembargador Orlando Adão Carvalho, no auditório do Anexo I do TJ.
>
> No mesmo dia, diretores de faculdades de Belo Horizonte receberão o "Projeto Conciliação", sugerindo a inclusão da disciplina "Formas Alternativas de Resolução de Conflitos" nos cursos de Direito. [...]
>
> *Comentários de Luiz Guilherme Marques*
> *Juiz de Direito da 2ª Vara Cível de Juiz de Fora — MG*

Gostaria de dizer algumas palavras sobre o segundo parágrafo do texto: No mesmo dia, diretores de faculdades de Belo Horizonte receberão o "Projeto Conciliação", sugerindo a inclusão da disciplina "Formas Alternativas de Resolução de Conflitos" nos cursos de Direito.

Excelente a ideia da sugestão às Faculdades de Direito de Belo Horizonte para que adotem nos seus currículos a importantíssima disciplina "Formas Alternativas de Resolução de Conflitos".

Atualmente, os alunos das Faculdades de Direito brasileiras são preparados para as disputas acirradas nos processos judiciais, inclusive com uma supervalorização (inconveniente) do Direito Processual em detrimento do Direito Material. (Grifo nosso)

Não se ensinam as "formas alternativas de resolução de conflitos", dentre as quais se destaca a "conciliação".

Seria excelente se o "Projeto de Conciliação", que, como diz a notícia, sugere a inclusão da disciplina "Formas Alternativas de Resolução de Conflitos" nos cursos de Direito, chegasse ao conhecimento de todas as Faculdades de Direito do país. E, para isso, meio melhor não há do que a divulgação do "Projeto" pela Internet.

Tornar-se-ia uma forma de conscientizar as futuras gerações de operadores do Direito da imperiosa necessidade de se investir na conciliação e outras formas alternativas...

Tenho para mim que, uma vez colocado sob o foco da mídia o tema "conciliação", não se deve deixar passar a oportunidade, pois, num segundo tempo, podem as pessoas perder o interesse sobre o assunto, como se fosse um modismo ultrapassado... (Grifo nosso)

É agora ou talvez só daqui a muito tempo...

Luiz Guilherme Marques
Juiz de Direito da 2ª Vara Cível de Juiz de Fora — MG

Não poderíamos deixar de relembrar nesta obra o resumo estatístico que demonstra os resultados alcançados no 1º Dia Nacional de Conciliação do Brasil, realizado em 8 de dezembro de 2006, os quais foram no mínimo animadores e comprovam o início de um grande sucesso do Movimento pela Conciliação, tendo em vista que, passados seis anos, já devemos considerar tais números como importantes dados estatísticos que entraram para a história do Judiciário brasileiro como o marco limiar de uma Nova Era para a evolução do nosso sistema jurisdicional, pois alavancou a evolução da terceira onda de acesso à Justiça, bem como todos os anos subsequentes até 2011.

Conforme informações publicadas em 18 de dezembro de 2006 no *website* do Conselho Nacional de Justiça[60], os resultados foram os seguintes:

DIA NACIONAL DA CONCILIAÇÃO REALIZA 83 MIL AUDIÊNCIAS

Um feriado com 46.493 processos resolvidos. Este é o saldo do Dia Nacional da Conciliação, que se realizou em 8 de dezembro. A data é feriado no Poder Judiciário, quando se comemora o Dia da Justiça. Mas cerca de 15 mil pessoas, entre servidores, magistrados e voluntários, abriram as portas dos tribunais em todo o país para mostrar que a melhor maneira de resolver uma briga é antes dela começar.

Ao longo do dia, as justiças dos estados, trabalhista e federal realizaram 83.987 audiências, superando as expectativas iniciais dos organizadores, que estimavam analisar cerca de 60 mil causas. O índice médio de acordos ficou em 55%, o que significa dizer que de cada 20 processos, onze foram resolvidos, com soluções viáveis para todas as partes envolvidas.

O Dia Nacional da Conciliação é parte das atividades do Movimento Nacional pela Conciliação, de iniciativa do Conselho Nacional de Justiça (CNJ). Os números do dia 8, considerados expressivos pelo CNJ, foram alcançados a partir da adesão de 56 tribunais em todo o País, que realizaram audiências em cerca de 550 cidades, envolvendo todos os Estados. O CNJ contou, também, com a parceria de associações de juízes, como Associação dos Magistrados Brasileiros (AMB), Associação Nacional dos Magistrados da Justiça do Trabalho (Anamatra) e Associação dos Juízes Federais do Brasil (Ajufe), além de outras organizações, como o Conselho Federal de Psicologia, Ministério Público e Defensorias.

O resultado do Dia Nacional da Conciliação foi apresentado nesta segunda-feira (18/12) pela presidente do CNJ e do Supremo Tribunal Federal (STF), ministra Ellen Gracie. Segundo ela, os números mostram que o país inteiro trabalhou em prol da conciliação, com destaque para a Justiça Federal, que conseguiu percentual de conciliação de 66%. "Esse sucesso se deve a dois grandes fatores: primeiro,

---

(60) Disponível em: <http://www.conciliar.cnj.gov.br/conciliar/pages/noticias/NoticiaInternet.jsp?idNoticia=1790> Acesso em: 8.4.2007.

a correta triagem dos casos que devem ser enviados à conciliação; em segundo, tivemos um ótimo treinamento de conciliadores", lembrou.

A ministra aproveitou a oportunidade para agradecer a participação dos conselheiros Eduardo Lorenzoni e Germana Moraes na organização do Movimento pela Conciliação. Como coordenadores da Comissão dos Juizados Especiais do CNJ, ambos estiveram presentes no desenvolvimento do projeto desde o início. Segundo Lorenzoni, "a fantástica adesão de tribunais de todo o país mostrou que a cultura da conciliação é algo presente e que veio para ficar".

Para uma das coordenadoras do Movimento, juíza Mariella Nogueira, de São Paulo, a experiência mostrou que o assunto deve ser cada vez mais trabalhado. "O índice de 55% de acordos obtidos ficou muito acima da média nacional, de 35%. Os tribunais e a população aderiram em massa, mesmo com o feriado do Dia da Justiça e com os feriados municipais em várias cidades", comemorou. O esforço, segundo a magistrada, serviu, principalmente, para permitir soluções ágeis e eficazes para a população que procurou o Judiciário. "Quem realmente saiu ganhando com tudo isso foram as pessoas envolvidas em processos judiciais", diz.

Outro coordenador do Movimento, o desembargador Marco Aurélio Buzzi, de Santa Catarina, lembra que o dia 8 foi uma ótima oportunidade para mostrar como os tribunais estão dispostos a participar de ações desse tipo. "A adesão dos tribunais foi maciça", diz. Além disso, avalia o desembargador, o Dia Nacional da Conciliação foi importante por ter discutido nacionalmente o tema. "Acredito que a ação foi excelente para formar a opinião pública sobre o assunto. Para a população perceber que existe a possibilidade de conciliação no seu processo judicial".

Para o presidente da AMB, juiz Rodrigo Collaço, o Dia Nacional da Conciliação inaugurou de forma institucionalizada a resolução de conflitos no país. "O Judiciário mostrou de forma organizada e institucional que é possível resolver demandas judiciais de maneiras que fogem à convencional, com o poder de decisão todo nas mãos do juiz", disse. "Ambas as partes cedem e todos saem ganhando", concluiu. (Grifo nosso)

Na mesma linha, o presidente da Ajufe, juiz Walter Nunes, avalia que o 8 de dezembro foi importante por mostrar à sociedade um novo modelo de solução de conflitos. "Nesse novo modelo, a realização da Justiça e a solução dos litígios é responsabilidade também das partes. Essa forma de resolver os conflitos aumenta o grau de conscientização de cidadania e também gera um ambiente mais saudável entre os litigantes", diz. "Isso é fundamental, principalmente no âmbito dos Juizados Especiais Federais, onde são tratadas questões que envolvem aquelas relações como a do segurado da Previdência Social, em que é importante que a solução seja duradoura".

Nos Tribunais do Trabalho, a resolução de questões trabalhistas que se arrastavam há anos representou uma grande vitória, na avaliação do presidente da Anamatra, juiz José Nilton Pandelot. "Os números demonstraram a vocação do Judiciário Trabalhista para conciliação, que já ocorre no âmbito da Justiça do Trabalho há 60 anos. Esse dia confirmou que a conciliação ainda é a melhor forma de pacificação social", disse, lembrando que o objetivo agora é continuar com o Movimento.

"A ideia agora é desenvolver um plano que possibilite a conciliação preventiva, ou seja, impedir as repetições das lesões e que o trabalhador sofra algum tipo de lesão na origem. Isso vai desafogar as prateleiras da Justiça Trabalhista. A ideia ainda será levada aos juízes do Trabalho", adiantou.

Para o desembargador Kazuo Watanabe, de São Paulo, o Dia Nacional da Conciliação representou o lançamento da pedra fundamental de uma nova política pública no Judiciário brasileiro. Watanabe é integrante do Conselho Gestor do Movimento e foi um dos idealizadores dos Juizados Especiais. "Esses mutirões de conciliação devem continuar a todo o vapor, com a adesão de vários segmentos da sociedade. Devemos tentar cada vez mais abrir a cabeça das pessoas para o benefício da conciliação e investir nessa ideia para a formação das gerações futuras." Uma ação nesse sentido, explica Watanabe, seria a inclusão nos currículos dos cursos de Direito de disciplinas voltadas para técnicas de arbitragem, mediação e conciliação. "Mudar a cabeça de muitos advogados é difícil. Então, devemos investir nas gerações mais novas e nos estudantes", conclui.

O Movimento Pela Conciliação conquistou avanços nesta área. A Associação Nacional das Universidades Particulares (Anup) se comprometeu a apresentar ao Ministério da Educação proposta de inclusão de disciplinas sobre métodos alternativos de prevenção de litígios nos cursos de Direito.

A ministra do Superior Tribunal de Justiça (STJ) Fátima Nancy Andrighi comemora o acesso à Justiça permitido pelo Dia Nacional

da Conciliação. "É a humanização da Justiça. As pessoas se encontraram para resolver seus próprios litígios", diz. (Grifo nosso)

O Ceará foi o Estado que mais se destacou na realização de audiências no dia 8. Foram 11.135 no total, com índice de acordos de 54% (5.978 casos). Em relação ao percentual de acordos obtidos, destacam-se os Estados de Rondônia (92%), Roraima (81%), Goiás (80%), Amapá (78%) e Pernambuco (76%).

Segundo presidente do Tribunal de Justiça do Ceará, desembargador Fernando Luiz Ximenes Rocha, os resultados no Estado expressam o engajamento e a mobilização de servidores e magistrados. "Também contamos com o apoio de várias entidades, como a Universidade de Fortaleza, o Sindicato dos Transportes, que disponibilizou transporte gratuito às partes convocadas às audiências de conciliação, e da mídia local", conta.

Foi realmente um sucesso. No total, 55 tribunais participaram do 1º Dia Nacional da Conciliação em 2006.

Inicialmente, estavam previstas cerca de 79 mil audiências, mas o resultado final superou a previsão, com 83.987 audiências realizadas, das 112.112 designadas. O percentual de acordos em todo o Brasil foi de 55,36% (46.493), um verdadeiro sucesso!

Em **2007** realizou-se a Primeira Semana de Conciliação, nos dias 3 a 8 de dezembro, com a participação de mais de 3 mil magistrados e 20 mil servidores e colaboradores, e, ainda de acordo com os dados consolidados pelo CNJ em 30.12.2007 — balanço oficial disponível na rede mundial de computadores[61] —, mais de 411 mil pessoas foram atendidas, tendo se verificado a perfeita integração de 25 Tribunais de Justiça, 22 TRTs e 5 TRFs, totalizando 303.638 audiências designadas, 227.564 audiências realizadas, 96.492 acordos obtidos, com um percentual de sucesso de 42,40%, perfazendo um total de R$ 375 milhões nos acordos.

Então, diante da análise dos resultados obtidos, buscando consolidar mais o movimento, o CNJ expediu a Recomendação n. 8, sugerindo aos tribunais o planejamento e a viabilização das atividades conciliatórias. O CNJ ofereceu ainda, ao longo do ano de 2007, cursos de formação de multiplicadores em conciliação, em todas as regiões do País. Os treinamentos formaram 200 pessoas, entre magistrados e servidores, que por sua vez treinaram conciliadores em seus tribunais.

---

(61) Disponível em: <http://www.stf.jus.br/arquivo/cms/conciliarConteudoTextual/anexo/Apresentacao_FINAL.pdf> Acesso em: 27.10.2011.

Em **2008**, a Semana Nacional de Conciliação aconteceu nos dias 1º a 5 de dezembro, o tema da campanha foi "Conciliar é legal e faz bem a si mesmo", e o *slogan* foi "Conciliar é querer bem a você" e a novidade foi a participação direta da Previdência Social — parte em milhares de processos judiciais. No total, das 398.012 audiências designadas, 305.591 foram realizadas, das quais 44,3% resultaram em acordos, correspondendo a 135.337 conciliações com sucesso. Os 99 mil participantes auxiliaram mais de 600 mil pessoas a tentar acordos em questões que ainda nem chegaram a se transformar em processo, ou que já tramitavam na Justiça.

Em 2008 foram 70 mil colaboradores, 17 mil magistrados, 11 mil conciliadores e mil juízes leigos envolvidos nos trabalhos, tanto nas Justiças estaduais, como na federal e também na justiça do trabalho em todos os estados. Foram exatamente R$ 974 milhões nos acordos, quase R$ 1 bilhão[62].

Em **2009**, o tema foi "Conciliação — Com ela todo mundo ganha. Ganha o Cidadão. Ganha a Justiça. Ganha o País", e foi realizada entre os dias 7 e 11 de dezembro. Vale saber que a Semana de Conciliação foi a Meta 2 de um total de 10 metas nacionais de nivelamento sugeridas pelo CNJ a serem alcançadas pelo Judiciário nacional em 2009, a qual consiste em assegurar o direito constitucional à razoável duração do processo judicial, o fortalecimento da democracia, além de eliminar os estoques de processos responsáveis pelas altas taxas de congestionamento. Neste ano os resultados foram os seguintes: das 98.292 audiências designadas, 69.665 foram realizadas, com 25.666 acordos efetuados, com um percentual de sucesso de 36,8%, totalizando R$ 218 milhões nos acordos[63].

Em **2010** a Semana de Conciliação do CNJ foi realizada de 29 de novembro a 3 de dezembro, com o *slogan*: "Conciliando a gente se entende". Foram 439.180 designadas e 361.945 realizadas, com 171.637 acordos bem-sucedidos (em 47,4% das audiências realizadas), envolvendo um total de R$ 1.074 bilhões em acordos homologados, R$ 73,9 milhões em arrecadação tributária, totalizando o atendimento a 817 mil pessoas. Neste ano de 2010 participaram 53 tribunais, 22.550 magistrados, 1.711 juízes leigos, 23.798 conciliadores e 46.958 colaboradores, totalizando 95.017 participantes.

Valendo a pena ainda revelar e parabenizar os Tribunais de Justiça que mais se destacaram em 2010, que foram: da Bahia, com 22.981 processos; de Goiás, com 18.206; de Minas Gerais, com 12.451; de Santa Catarina, com 10.691; e o de São Paulo, com 8.896. Dentre os Tribunais Regionais Federais o melhor desempenho ficou com o TRF da 1ª Região, cuja sede é no Distrito Federal,

---

(62) Dados consolidados pelo CNJ em 5.12.2008.
(63) Dados balanço final do CNJ. Disponível em: <http://www.trf4.jus.br/trf4/upload/editor/dpn_morganaricha.pdf> Acesso em: 27.10.2011.

com 6.578 processos; já dentre os Tribunais Regionais do Trabalho, o destaque foi para o TRT da 2ª Região (SP) com 6.252.

Portanto, em comparação com os primeiros quatro anos da campanha, 2010 se destacou, superando os resultados dos anos anteriores. E vale saber que a orientação do CNJ em 2010 foi que os tribunais do país implantassem, até março de 2011, núcleos e centrais permanentes de solução de conflitos[64].

E, por fim, em **2011**, a Campanha do CNJ pela Conciliação teve como lema "Conciliar é a forma mais rápida de resolver conflitos". Aconteceu entre os dias 28 de novembro e 2 de dezembro, e teve como foco as demandas em massa envolvendo os maiores litigantes do país, como: agências reguladoras, bancos, empresas de telefonia, dentre outros. De acordo com a conselheira do CNJ, Morgana Richa: "o objetivo é investir na conciliação pré-processual para evitar que os conflitos cheguem à Justiça".

Os resultados da 6ª edição do evento em 2011 foram extraordinários, conforme balanço final oficial divulgado pelo CNJ no dia 20 de janeiro de 2012[65]. Nele registraram-se: 434.479 audiências marcadas das quais 349.613 (80,5%) foram realizadas, a formalização de 48,3% de acordos, totalizando 168.841 acordos efetuados, com valores homologados que totalizaram R$ 1.072.098.403,72, ultrapassando, portanto, novamente a marca de R$ 1 bilhão em valores de acordos homologados, e, por fim, um total de arrecadação (INSS + IR) no valor de R$ 42.246.432,30.

Neste ano de 2011 participaram do evento 54 tribunais, 3.667 magistrados, 321 juízes leigos, 4.477 conciliadores e 10.098 colaboradores, perfazendo um total de 18.563 participantes. E um total de 779.688 pessoas atendidas.

Em conclusão a este capítulo, vale registrar que, além dessa excelente campanha do CNJ em prol da conciliação, a Resolução n. 125 do CNJ também veio para fomentar a cultura da difusão dos mecanismos pacíficos de resolução de conflitos em nossa sociedade, pois ela institui a Política Judiciária de Tratamento Adequado dos Conflitos de Interesses que visa tornar efetivo o princípio constitucional do acesso à Justiça (art. 5º, XXXV da Constituição Federal), como "acesso à ordem jurídica justa". Haja vista que, conforme o CNJ, cabe ao Poder Judiciário organizar em âmbito nacional não somente os serviços prestados nos processos judiciais, mas também a solução dos conflitos através de outros mecanismos, principalmente da conciliação e da mediação, além de serviços de cidadania. Sendo por isso necessário estimular e difundir a sistematização e o aprimoramento da prática já adotada pelos tribunais,

---

(64) Disponível em: STF <http://www.stf.jus.br/portal/cms/verNoticiaDetalhe.asp?idConteudo=168201> Acesso em: 28.10.2011.
(65) Disponível em: CNJ/DPJ <http://www.cnj.jus.br/images/programas/movimento-pela-conciliacao/2011/Semana_Conciliacao_20-01-2012.pdf> Acesso em: 7.2.2012.

segundo diretrizes estabelecidas pela Resolução n. 125. Então, a partir dessa Resolução, de acordo com o CNJ, a conciliação e a mediação se tornam mecanismos permanentes e complementares à solução adjudicada no Judiciário Nacional[66].

E, além disso, é de suma relevância registrar que o CNJ atualmente ainda tem muitos outros programas e campanhas em atuação que precisam ser divulgados, reconhecidos e valorizados pela sociedade para que tenham o êxito esperado. Vejamos então os que merecem mais destaque[67]:

1 — **Advocacia voluntária:** programa que visa prestar assistência jurídica gratuita tanto aos presos que não têm condições de pagar um advogado quanto aos seus familiares. A orientação foi instituída pela Resolução n. 62 do CNJ, pela qual os tribunais estaduais, diretamente ou mediante convênio de cooperação celebrado com a Defensoria Pública da União e dos Estados, devem implementar meios de cadastramento, preferencialmente informatizados, de advogados voluntários interessados na prestação de assistência jurídica;

2 — **Casas de Justiça e Cidadania** é uma rede integrada de serviços ao cidadão, na qual são oferecidas: assistência jurídica gratuita, informações processuais, audiências de conciliação pré-processual, emissão de documentos, ações de reinserção social de presos e egressos. O objetivo do programa é promover o princípio constitucional da cidadania (Constituição Federal de 1988, art. 1º, II) e disseminar práticas voltadas à proteção de direitos fundamentais e acesso à cultura e à justiça. Atualmente, o programa está presente em 15 estados (Amazonas, Amapá, Bahia, Ceará, Maranhão, Mato Grosso, Minas Gerais, Pará, Piauí, Rio Grande do Norte, Rondônia, Roraima, Santa Catarina, São Paulo e Sergipe);

3 — **Programa Começar de Novo**, cujo *slogan* é: Quem já pagou pelo que fez merece a chance de começar de novo. Este projeto é um grande passo rumo à Justiça Restaurativa[68], que em linhas gerais é a humanização da Justiça no âmbito Penal, pois visa à sensibilização de órgãos públicos e da sociedade civil para que forneçam

---

(66) Portal do CNJ: <http://www.cnj.jus.br/programas-de-a-a-z/acesso-a-justica> Acesso em: 28.10.2011.
(67) *Website* do CNJ <http://www.cnj.jus.br/> Acesso em: 28.10.2011.
(68) É um modelo alternativo de Justiça Criminal que busca a cura e a reconciliação para os agressores, vítimas e as comunidades inseridas no contexto do ato criminoso. É uma corrente de estudos recente nas áreas de criminologia e vitimologia, surgida na década de 1970. Sua eclosão se deu em virtude da decadência do sistema tradicional de Justiça Criminal, que é retributivo, o qual vem se mostrando ineficaz por não dar uma resposta adequada ao crime e às suas consequências. De acordo com John Braithwaite, Howard Zerh, considerado pai deste inovador modelo, e Mark Umbreit, dentre outros pioneiros na difusão desta corrente, o campo da justiça restaurativa é um esforço para transformar a maneira de como se pensar em punição para atos ilícitos.

postos de trabalho e cursos de capacitação profissional para presos e egressos do sistema carcerário.

Quanto à Justiça Restaurativa, vale destacar John Braithwaite, criminalista australiano, um de seus fundadores. Em seu livro *Crime, Shame and Reintegration*, demonstrou que a prática da justiça criminal em curso tende a estigmatizar os infratores, tornando o problema do crime pior. E, segundo ele, **a justiça restaurativa** permite que ambos, criminosos e cidadãos, através de técnicas de mediação, possam reparar os danos sociais causados pelo crime de uma forma mais humanizada.

A propósito, é importante lembrar que a ideia da adoção da Justiça Restaurativa, apesar de ainda ser um sistema emergente, já conseguiu apoio internacional, inclusive, conforme foi dito em capítulo anterior, já existe documento do Conselho Econômico e Social das Nações Unidas (Ecosoc), a Resolução n. 1999/26, de 28 de julho de 1999, sobre o Desenvolvimento e Implementação de Medidas de Mediação e de Justiça Restaurativa na Justiça Criminal, recomendando aos Estados, no contexto de seus sistemas de Justiça, o desenvolvimento de procedimentos alternativos ao processo judicial tradicional e a formulação de políticas de mediação e de justiça restaurativa. E logo em seguida, reforçando e reafirmando a grande relevância desse mister, veio a Resolução n. 2.000/14, de 27 de julho de 2000. E também o incentivo e apoio da União Europeia, validando e recomendando a *Justiça Restaurativa* para todos os países.

Retomando a abordagem sobre o programa Começar de Novo do CNJ, vale dizer que seu objetivo é promover a cidadania e consequentemente reduzir a reincidência de crimes, e, para tanto, o Conselho Nacional de Justiça (CNJ) criou o **Portal de Oportunidades**. Trata-se de página na Internet que reúne as vagas de trabalho e cursos de capacitação oferecidos para presos e egressos do sistema carcerário. As oportunidades são oferecidas tanto por instituições públicas como entidades privadas, que são responsáveis por atualizar o Portal. Além disso, os presidiários de todo o país contam com mais uma ajuda fornecida pelo CNJ: a produção da *Cartilha da Pessoa Presa e* da *Cartilha da Mulher Presa*. Os livretos contêm conselhos úteis de como impetrar um *habeas corpus*, por exemplo, ou como redigir uma petição simplificada para requerimento de um benefício. Esclarece ainda sobre deveres, direitos e garantias dos apenados e presos provisórios. Dentre outros projetos e campanhas em andamento, como o Cadastro Nacional de Adoção, Campanha Lei Maria da Penha, Mutirão Carcerário, Crack, nem pensar.

3.3. CONCILIAÇÃO: O DESTAQUE INTERNACIONAL

No panorama internacional, percebemos o sucesso da Conciliação em muitos países, mas o que mais nos chamou atenção foi o Japão, onde a estrutura judiciária é bem parecida com a do Brasil, e ainda porque em ambos adota-se o sistema jurídico da *Civil Law*, com a diferença de que no Japão há influências do Direito Chinês, e também há uma combinação de direito consuetudinário com influências do direito anglo-americano, e uma simplificação de toda a sistemática em total contraste com o nosso ordenamento, ainda excessivamente burocrático e formalista.

No Japão, "Conciliação" é um pré-requisito obrigatório para lides nas seguintes áreas: construção residencial e terra, assuntos agrícolas, assuntos comerciais, de mineração e referente a danos. E, chegando as partes a um acordo, este terá força de sentença judicial, caso contrário, mesmo iniciado o processo judicial, há a possibilidade de se exigir ainda uma conciliação, e o Tribunal só poderá decidir dentro dos limites das propostas feitas pelas partes. A Conciliação Civil no Japão é chamada *Minji chotei*.

Portanto, o que se faz necessário quanto ao instituto da conciliação, é apenas modernizá-lo e melhor utilizá-lo, no sentido de adequá-lo e harmonizá-lo às tendências e exigências da sociedade contemporânea. Em outras palavras, é preciso humanizar a sua prática, consolidando sem preconceitos a figura do conciliador, o qual representará, indubitavelmente, a concretização de uma Justiça democratizada, uma vez que vai garantir a efetiva participação do jurisdicionado na administração da Justiça, tudo sempre sob a supervisão direta, contínua e responsável do juiz, ou ainda, se melhor for, por que não inserir a figura do Juiz-Conciliador em nosso ordenamento?

Dessa forma, com certeza, será possível obter melhores resultados com a conciliação, pois é inquestionável que a solução consensual das controvérsias, sem adversidades sempre preserva a paz entre as partes, porque ambas saem do processo satisfeitas, uma vez que elas mesmas decidem o litígio pacificamente, sem necessidade de desavenças, imposições ou sanções. E, sendo assim, é inevitável que, além da resolução bem-sucedida do litígio, sempre se mantenha preservada a paz na relação entre os litigantes, sem quaisquer ressentimentos.

Esta, sim, podemos considerar como uma prestação jurisdicional adequada, com obtenção de justiça social, pois, em nosso sentir, modernamente é possível o exercício da chamada por nós "Jurisdição da Paz" através do exercício dos equivalentes jurisdicionais, desprezando-se "preambularmente" o tradicional litígio judicial, sem, contudo, desprezá-lo, pois haverá de ser utilizado como último recurso.

4. A Negociação — Brevíssimos Comentários

Ora, o fruto da justiça semeia-se na paz, para os que exercitam a paz.
Bíblia Sagrada (Tiago 3:18)

A negociação é um meio autocompositivo de solucionar conflitos de interesses, é uma técnica que tem como principal objetivo resolver controvérsias conciliando interesses e, ao contrário do que se possa pensar, é historicamente muito antiga. Sua utilização em um conflito de interesses depende de prévia concordância das partes. Então, partindo desse pressuposto, a negociação pode ser: de interesses materiais ou de direitos.

A negociação de interesses materiais é aquela em que o consenso resolve sobre a alienação de um determinado bem, ou o acerto acerca de um salário a ser pago.

A negociação de direito decorre da lei, de um contrato ou de qualquer outra situação contemplada pelo Direito. Em outras palavras, esse tipo de negociação nada mais é senão o instituto da transação disciplinado em nossa Lei Substantiva Civil a partir do art. 840, no qual as partes agem a partir de um direito preexistente, mas que, ao invés de submeterem a lide ao âmbito judicial, preferem resolver através de uma transação.

A negociação, ou transação, é uma técnica atualmente muito utilizada nos países desenvolvidos, a exemplo dos Estados Unidos da América, onde inclusive já foi elevada à categoria de disciplina obrigatória nas Faculdades de Direito, pois, vale lembrar, esse país da *commom law* é o pioneiro na adoção de meios alternativos de solução de conflitos, conforme já foi amplamente tratado linhas atrás. Desde a década de 1970, os EUA puseram em prática a chamada Resolução Alternativa de Disputas (*ADR* do inglês *Alternative Dispute Resolution*), um moderno fenômeno que tem conduzido ao uso muito maior de métodos mais antigos e pacíficos para resolver controvérsias, tais como o arbítrio e a mediação, além de novos métodos criados, conforme já foi demonstrado, e outros mais, tais como minijulgamentos, julgamento sumário por júri, ato privado de julgar, avaliação neutra e negociação regulamentadora, em detrimento dos métodos contenciosos jurisdicionais tradicionais de solucionar controvérsias.

5. Arbitragem — Um Moderno Instituto Secular: Breve Histórico

"O maior de todos os conquistadores é aquele que sabe vencer sem batalha!"

(Lao-tsé, filósofo chinês)

Inicio este capítulo prestando uma singela homenagem ao nosso ilustre e saudoso mestre Rui Barbosa (1849-1923), membro-fundador da Academia Brasileira de Letras e jurista merecidamente aclamado como o Patrono dos Advogados Brasileiros em 20 de dezembro de 1948, pois, no ano de 2011 comemoraram-se os 104 anos da participação de Rui Barbosa na Segunda Conferência de Paz de Haia[69], ocorrida exatamente em 1907 na Holanda, onde ele teve tão destacada participação que, segundo Albert Geouffre de Lapradelle (1871-1955), famoso professor francês de Direito Internacional, "graças a Rui Barbosa, defensor do direito, o Brasil sai engrandecido, ante o mundo, da Segunda Conferência de Paz".

E, graças a essa sua fantástica atuação, esta conferência significou a consagração definitiva do nosso ilustríssimo Rui Barbosa como jurista que

---

(69) A Segunda Conferência de Paz de Haia, conforme Augusto Zimmermann [*Associate Lecturer*, Murdoch University — Austrália, Doutor (PhD) em Direito por *Monash University* (Austrália), Mestre em Direito Constitucional e Teoria do Estado pela PUC-Rio], em artigo intitulado Rui Barbosa, o "Águia de Haia": um breve estudo em homenagem ao centenário de sua participação na Segunda Conferência de Paz de Haia, foram diversos os assuntos tratados naquela importante conferência: a organização do tribunal de presas; a melhoria das leis e costumes da guerra; captura e contrabando de guerra; bloqueio; a inviolabilidade da propriedade privada no mar etc. O tema sensação era a ideia de arbitragem como forma de solução pacífica de conflitos internacionais. Constituída através da Primeira Conferência de Haia, de 1899, a Corte Permanente de Arbitragem (CPA) deveria ser revista pela Conferência de 1907. A finalidade desta Corte era a de aprimorar a prática da arbitragem internacional, criando-se um tribunal de caráter permanente, que não desaparecesse ao fim da solução de um litígio, mas que fosse capaz de gerar jurisprudência.

sempre defendeu heroicamente o constitucionalismo, a paz, a liberdade e os direitos humanos, e exatamente por este fato os jornais da época conferiram-lhe o título de *Águia de Haia*.

Nesse diapasão, transcrevo a seguir uma de suas famosas "profecias" sociojurídicas que, dentre tantas outras, está aos poucos se concretizando, e, logo em seguida, passo a transcrever, *in verbis*, o discurso proferido por Rui Barbosa, representando a delegação brasileira na Segunda Conferência de Paz de Haia, na Holanda, aos 18 de setembro de 1907, onde defendeu corajosamente a igualdade entre as nações soberanas, durante os debates sobre a questão mais importante da conferência, que foi a criação de uma Corte de Justiça Arbitral:

> O século vinte vai ser o século do arbitramento nos conflitos entre as nações. E, quando o arbitramento reinar entre os povos exaustos pela política marcial do século dezenove, o papel arbitral desse soberano descoroado e desinteressado entre as ambições territoriais, que impelem os Estados uns contra os outros, aumentará infinitamente o valor da sua situação excepcional, da sua atitude semioracular no mundo civilizado. Quem sabe se o papa não será então o grande pacificador, o magistrado eleito, de hipótese em hipótese, entre os governos, para solver as contestações grávidas de ameaças, e conduzir à harmonia, pela submissão aos ditames da justiça, as grandes famílias humanas inimizadas?
>
> [...]
>
> *Le but essential de la proposition brésilienne a été de donner uneforme pratique au principe de l'égalité des États, de le définir sous une forme concrète, contre le principle de la classification des souverainetés par le mécanisme du roulement, consacré dans la proposition anglo-germano-américaine. Notre principe, celui de l'egalité juridique entre les plus grands et les plus petits États, ce principe, dont on arrivait même à se moquer dans lê commen-cement, et qui nous a attiré tant d'épigrammes et d'attaques, est maintenant victorieu.*[70]

A arbitragem, conforme lembra o Professor Dalmo de Abreu Dallari, é uma *novidade muito antiga*. É um instituto que remonta há mais de 3000 a.C., portanto, tão antigo que antecedeu à própria jurisdição estatal.

Conforme Pedro A. Batista Martins[71], no passado, a prática da arbitragem foi "utilizada pelos povos desde a mais remota Antiguidade, quando a

---

(70) BARBOSA, Rui. *Actes et discours de M. Rui Barbosa* — deuxième conférence de la paix. Haye: W.V. Van Stockum, 1907. p. 280.
(71) MARTINS, Pedro A. Batista. Arbitragem Através dos Tempos. Obstáculos e Preconceitos à sua Implementação no Brasil. In: Obra coletiva. *A Arbitragem na Era da Globalização*. Pedro Antônio Batista Martins é ex-professor de Direito Comercial na Faculdade Cândido Mendes.

desconfiança recíproca e as diferenças de raça e religião tornavam precárias as relações entre os povos". E prossegue o autor citando alguns povos antigos que a utilizaram:

> a) na Grécia antiga, em face de ter constatado que o "tratado firmado entre Esparta e Atenas [Tratado de Paz], em 455 a.C., já continha cláusula compromissória, o que evidencia a utilização desse instituto por aquele povo e, também, a sua eficácia como meio de solução pacificados conflitos de interesse";
>
> b) na Roma antiga, em razão do sistema adotado de se estimular o *iudicium privatum-judex* (lista de nomes de cidadãos idôneos), cujo objetivo era de solucionar, em campo não judicial, os litígios entre os cidadãos [desde 754 a.C. já existia a arbitragem na Roma Antiga, sendo que no início foi utilizada apenas na solução de conflitos entre Estados, e só depois entre particulares, especialmente na fase do *jus peregrinus* com o *praetor peregrinus* solucionando as contendas dos estrangeiros];
>
> c) nas relações comerciais assumidas durante o século XI, pela posição dos comerciantes em resolver os seus conflitos fora dos tribunais, com base nos usos e nos costumes.

Conforme ainda o referido autor, a arbitragem não foi muito valorizada durante o transcorrer dos séculos XVI e XVII, tendo, porém, retomado o seu prestígio no século XVIII, para, finalmente, ter sofrido restrições no curso do século XIX, por haver assumido, em decorrência das reformas legais instituídas por Napoleão, forma burocratizada exagerada.

No Brasil, a arbitragem também é historicamente bastante antiga, pois já estava prevista pela Constituição de 22.3.1824 em seus arts. 160, 161 e 162, senão vejamos: em seu art. 160 estabeleceu que as partes poderiam nomear juízes-árbitros para solucionar litígios cíveis e que suas decisões seriam executadas sem recurso, se as partes, no particular, assim, convencionassem; o art. 161 que dispunha expressamente: "sem se fazer constar que se tem intentado o meio da reconciliação, não de começará processo algum". E o art. 162 que dizia: "para esse fim haverá juiz de paz...".

A nossa Constituição Federal de 24.2.1891, a primeira Republicana, não dispôs sobre a arbitragem entre pessoas físicas. Apenas incentivou a sua prática como forma de pacificar conflitos entre Estados soberanos. A Carta de 16.7.1934 voltou a aceitar a arbitragem, assegurando à União competência para legislar sobre as regras disciplinadoras do referido instituto. As Constituições de 1937, 1946 e a de 1967 não fizeram referências à arbitragem privada.

A atual Lei Fundamental de 5.10.1988 referiu-se à arbitragem no art. 4º, § 9º, VII, bem como no art. 114, § 1º. E, vale dizer, em seu preâmbulo[72] eleva a arbitragem à categoria de princípio fundamental, quando se refere à solução dos conflitos por meio de arbitragem, defendendo e fomentando essa forma pacífica de eles serem resolvidos, tanto na ordem nacional como na ordem internacional.

De acordo com o professor Pedro A. Batista Martins[73], em âmbito infraconstitucional, a arbitragem foi introduzida no Brasil primeiramente no ano de 1831 e, depois em 1837, para solucionar litígios relativos à locação de serviços, em caráter impositivo ou obrigatório; informa, a seguir, que ela foi regulada, em 1850, pelo Decreto n. 737, de 25 de novembro de 1850, o qual, em seus arts. 411 até 475, disciplinava casos que deveriam ser submetidos à iniciativa privada para a tomada de decisões arbitrais, inclusive com alguns casos em que era obrigatória a utilização da arbitragem.

Também em 1850, quase ao mesmo tempo desse Regulamento, entrou em vigor o Código Comercial Brasileiro, estabelecendo a justiça arbitral obrigatória para questões resultantes de contratos de locação mercantil, entre outras. Neste sentido dispunha *in verbis*: "Art. 245: Todas as questões que resultarem de contratos de locação mercantis serão decididas em juízo arbitral".

Portanto, nos primórdios da arbitragem no Brasil havia dois tipos de arbitragem: a voluntária e a obrigatória, mas esta, por ser totalmente contrária à natureza do instituto, que é baseado na autonomia da vontade, foi revogada pela Lei n. 1.350, de 14.9.1866.

Depois, seguindo a ordem cronológica, a arbitragem veio prevista em nosso, agora antigo, Código Civil de 1916, arts. 1.037 a 1.048, no qual se disciplinava o compromisso arbitral, cujos requisitos de validade foram aí estabelecidos e deveriam ser atendidos, sob pena de nulidade.

O nosso antigo Código de Processo Civil de 1939 também dedicava um capítulo inteiro à disciplina deste instituto, dos arts. 1.072 ao 1.102, os quais, posteriormente, foram ampliados no atual CPC de 1973, e revogados pela Lei n. 9.307/1996.

E, atualmente, nosso vigente Código Civil de 2002, art. 853, também passou a tratar do compromisso arbitral, tornando-o vinculante.

---

(72) Eis o inteiro teor do Preâmbulo da CF/1988: "Nós, representantes do povo brasileiro, reunidos em Assembleia Nacional Constituinte para instituir um Estado democrático, destinado a assegurar o exercício dos direitos sociais e individuais, a liberdade, a segurança, o bem-estar, o desenvolvimento, a igualdade e a justiça como valores supremos de uma sociedade fraterna, pluralista e sem preconceitos, **fundada na harmonia social e comprometida, na ordem interna e internacional, com a solução pacífica das controvérsias**, promulgamos, sob a proteção de Deus, a seguinte CONSTITUIÇÃO DA REPÚBLICA FEDERATIVA DO BRASIL". [Grifo nosso]

(73) *Ibidem*, p. 2.

Conforme se percebe, a previsão legal do instituto da arbitragem já existia havia bastante tempo, mas é relevante notar que a sua disciplina era diferente da atual arbitragem, pois antes havia a obrigatoriedade de que a sentença arbitral fosse, nos seus aspectos formais, homologada pelo juiz estatal, para lhe conceder força executiva, com o que a arbitragem perdeu suas características primordiais: da livre iniciativa das partes, da celeridade e da confidencialidade.

Outra característica brasileira em relação à antiga arbitragem que merece destaque é que, enquanto o compromisso arbitral se apresentava indispensável à instauração do juízo arbitral, a cláusula arbitral ou compromissória constituía mera promessa de contratar (*pactum de contrahendo*), não ensejando execução específica, mas apenas condenação em perdas e danos em caso de inadimplemento do que foi acordado.

Então, vale registrar que, na atualidade, o grande marco mesmo para o Brasil na evolução do instituto da arbitragem foi a promulgação da Lei n. 9.307, de 23 de setembro de 1996, a qual teve origem no Projeto de Lei de n. 78 de autoria do então Senador Marco Antônio de Oliveira Maciel[74], o qual apresentou ao Congresso Nacional em junho de 1992.

A aprovação da Lei n. 9.307/1996 foi uma verdadeira batalha, pois resultou de um movimento iniciado em 1991, a denominada "Operação Arbiter"[75] impulsionada e comandada pelo Instituto Liberal de Pernambuco, sob coordenação do advogado Petrônio Raymundo Gonçalves Muniz[76].

A Operação Arbiter contou com apoio da Associação Comercial de São Paulo, Associação dos Advogados de Empresas de Pernambuco, aceito pela Fiesp, Instituto Brasileiro de Direito Processual, professores da USP, da Faculdade de Direito da Cândido Mendes do Rio de Janeiro, representantes de grandes escritórios de advocacia de São Paulo e Rio de Janeiro, entre outros, que se mobilizaram para que fosse elaborado um anteprojeto de lei, unindo as experiências práticas a um rigor científico (CARMONA, 1998).

Então, quando o anteprojeto teve finalizada sua versão, em abril de 1992, foi primeiramente apresentado e discutido no Seminário Nacional sobre

---

(74) Ex-vice-presidente e ex-senador da República Federativa do Brasil, Presidente Emérito do Conselho Nacional das Instituições de Mediação e Arbitragem — Conima, membro do Painel de Árbitros de Entidades brasileiras e internacionais, autor de artigos publicados em livros, jornais e revistas especializadas.

(75) A "Operação Arbiter" teve início precisamente em 5 de novembro de 1991, quando foi escolhida a comissão relatora e estipulado o prazo para apresentação do projeto de elaboração do anteprojeto de lei, em 9 de dezembro de 1991. Mais detalhes sobre a Operação Arbiter e todo o trajeto para aprovação da Lei n. 9.307/1996 — Lei de Arbitragem — encontra-se no livro *A Operação Arbiter* — História da Lei n. 9.307/1996 sobre a Arbitragem Comercial no Brasil, publicado pelo Instituto Tancredo Neves.

(76) Petronio Raymundo Gonçalves Muniz é presidente do Instituto Arbiter — Resolução Privada de Disputas; advogado e Consultor de Empresas nas Áreas do Direito Civil, Comercial, Econômico, Ambiental e Tributário; coordenador nacional da Operação Arbiter responsável pelo Projeto de Lei sobre Arbitragem Comercial apresentado pelo então Senador Marco Antônio Maciel.

Arbitragem Comercial, realizado em Curitiba; logo depois foi devidamente aprovado pela Comissão de Constituição, Justiça e Cidadania do Senado e enviado à Câmara dos Deputados para a devida revisão nos termos do art. 65 da Constituição da República, e o projeto foi aprovado com as duas alterações introduzidas na Câmara, quais sejam: o adendo ao § 2º do art. 4º, e a retirada do dispositivo que revogava o inciso VII, do art. 51 da Lei n. 8.078/1990.

E, finalmente, em sessão solene, o Presidente da República (Fernando Henrique Cardoso) sancionou a Lei de Arbitragem, fazendo publicar o texto no DOU 24.9.1996 com *vacatio legis* de 60 (sessenta) dias[77].

Além de toda essa batalha política em busca da aprovação, sanção e publicação dessa importantíssima lei, não se pode olvidar que o aperfeiçoamento do seu texto deveu-se à grande contribuição de juristas estudiosos do tema, incluindo-se o Dr. Carlos Alberto Carmona[78], o mestre Pedro Batista Martins[79], bem como a Dra. Selma M. Ferreira Lemes[80].

Faz-se mister ressaltar que o autor do projeto, na exposição de motivos, esclareceu que a proposta legislativa apresentada levava em conta diretrizes da comunidade internacional, especialmente as fixadas pela ONU na Lei Modelo[81] sobre Arbitragem Comercial Internacional formulada pela Uncitral[82]. Inclusive conforme informações da Uncitral, mais 60 jurisdições tem legislação baseada neste modelo, o que revela um consenso mundial quanto a suas diretrizes gerais.

Então, só depois de percorrida toda essa trajetória, a lei finalmente entrou em vigor em novembro de 1996, como "Lei de Arbitragem", também cognominada "Lei Marco Maciel", por ser ele seu autor e também por ter ele empreendido valioso empenho em apresentá-la ao Congresso, aprová-la e obter a sanção presidencial.

Todavia, apesar de ter sido promulgada em 1996, é importante registrar que essa lei só pôde ser efetivamente aplicada em 2001, haja vista que, em

---

(77) CARMONA, Carlos Alberto. *Arbitragem e Processo. Um comentário à Lei n. 9.307/1996*, p. 24-26.
(78) Carlos Alberto Carmona é doutor em Direito Processual pela Faculdade de Direito da USP; especialista em Direito Processual Civil e em Direito Processual Internacional pela *Facoltá di Giurisprudenza dell' Universitá di Napoli* e bacharel em Direito pela Faculdade de Direito da USP.
(79) MARTINS. *Op. cit.*, p. 1
(80) Selma M. Ferreira Lemes é advogada, integrou a Comissão Relatora da Lei de Arbitragem, tem no seu currículo experiência com arbitragem desde 1983 e um estágio na Corte Internacional de Arbitragem da Câmara de Comércio Internacional, em 1990; é autora do livro *Árbitro. Princípios da Independência e da Imparcialidade*.
(81) UNCITRAL. *Op. cit.*, p. 22.
(82) UNCITRAL — *United Nations Comission for International Trade Law* (Comissão das Nações Unidas para a Legislação Comercial Internacional. Disponível em: <http://www.uncitral.org/uncitral/en/index.html> Acesso em: 28.10.2011). As regras da UNCITRAL são de 1976, mas foram revisadas em 2010 para melhor adequar-se às necessidades atuais, e incluem a questão da arbitragem multiparte, isto é, envolvendo mais de duas partes, bem como a substituição dos árbitros, os mecanismos de revisão dos custos da arbitragem, detalhes sobre as medidas provisórias, dentre outras atualizações.

virtude de preconceitos de uma considerável parcela da comunidade jurídica nacional, quanto à adoção de soluções extrajudiciais dos conflitos, consubstanciados principalmente na visão da perda de competência do Poder Judiciário e perigo para a segurança jurídica dos direitos individuais, muitas dúvidas e controvérsias se instalaram e muita discussão foi necessária no Supremo Tribunal Federal para que fosse declarada sua constitucionalidade.

Então, logo após o período de *vacatio legis*, no Supremo Tribunal Federal se desenvolveu longa discussão acerca da (in)constitucionalidade da Lei de Arbitragem (Lei n. 9.307) no julgamento do Agravo Regimental em Homologação de Sentença Estrangeira n. 5.206 (Espanha).

E, conforme consta no informativo do STF n. 254, de 10 a 14 de dezembro de 2001, num primeiro momento, os Ministros Sepúlveda Pertence e Sidney Sanches votaram pela inconstitucionalidade da Lei de Arbitragem. Mas, ao final, o diploma legal teve sua constitucionalidade confirmada com a manifestação favorável do Ministro Celso de Mello, que completou a maioria absoluta necessária para tanto. Daí então, em decisão plenária proferida aos 12 de dezembro do ano de 2001, o STF declarou, por sete votos a quatro, a constitucionalidade das normas mais polêmicas da Lei de Arbitragem, e a partir desta data é que essa lei, aprovada desde setembro de 1996, teve enfim a tão esperada liberação do seu texto, o qual, frise-se, foi mantido na íntegra.

Outro marco de grande relevância na evolução do instituto da arbitragem no Brasil foi a ratificação da Convenção de New York em 2002, conforme comprova o Decreto de n. 4.311, **de 23.7.2002**, logo depois que o Congresso Nacional aprovou o texto da Convenção sobre o Reconhecimento e a Execução de Sentenças Arbitrais Estrangeiras, por meio do Decreto Legislativo n. 52, de 25 de abril de 2002. Pois assim, garantiu-se ainda maior e mais ampla segurança jurídica para o instituto da arbitragem, uma vez que passaram a integrar o juízo arbitral, instituído no Brasil, as regras daquela Convenção que dispõem sobre o reconhecimento e execução de sentenças arbitrais estrangeiras. Eis uma das reportagens da época sobre esse importante episódio:

DECRETO QUE INCLUI O PAÍS EM CONVENÇÃO DE ARBITRAGEM É APROVADO[83]

Maíra Evo Magro, De Maragogi

O Brasil está pronto para inserir-se no contexto da arbitragem internacional. O Congresso aprovou em 25 de abril o Decreto n. 52/2002, pelo qual o país se torna signatário da Convenção de New York, acordo da Organização das Nações Unidas (ONU) assinado

---

(83) Notícia divulgada no *site* do Tribunal de Mediação e Arbitragem de São José. Disponível em: <http://www.tmasj.com.br/noticias_antigas.html#topo#topo> Acesso em: 24.3.2007.

por 126 países que trata do reconhecimento e da execução de sentenças arbitrais estrangeiras. O decreto legislativo ainda precisa ser promulgado.

Segundo o advogado João Bosco Lee, presidente do Comitê Brasileiro de Arbitragem, a ratificação do acordo contribuirá para o crescimento do número de conflitos internacionais solucionados no Brasil, que hoje é incipiente. Exemplo disso é que, entre os 120 casos em tramitação na Comissão Interamericana de Arbitragem Comercial (Ciac), centro voltado para a solução de litígios nas Américas, nenhum corre no Brasil ou sequer envolve uma empresa nacional. "O Brasil precisava assinar a convenção para que pudesse exportar seus laudos arbitrais", diz Adriana Polania, diretora-geral da Ciac e consultora do Banco Interamericano de Desenvolvimento (BID) no Programa de Fortalecimento da Mediação e da Arbitragem Comercial no Brasil.

A convenção prevê que as decisões arbitrais proferidas em um país signatário possam ser executadas sem questionamento em outras nações. As partes ganham com isso a confiança de que um laudo arbitral envolvendo partes estrangeiras e proferido no Brasil não tenha restrições ao ser executado externamente.

De acordo com Bosco Lee, a execução no Brasil de sentenças proferidas em países estrangeiros não é atualmente uma dificuldade, pois a Lei de Arbitragem (Lei n. 9.307/1996) incorpora os principais conceitos da Convenção de New York. "O problema era a execução, em outros países, das sentenças proferidas no Brasil", afirma.

Mas também não se pode olvidar que o Brasil, já em 1998, assumira um compromisso internacional igualmente de grande importância com as Cortes e os Supremos Tribunais de Justiça Ibero-Americanos em Caracas, Venezuela, em relação à promoção de mecanismos alternativos de acesso à Justiça. O evento foi em 4 de março de 1998, onde Supremo Tribunal Federal brasileiro, juntamente com os demais representantes das Cortes e Supremos Tribunais de Justiça Ibero-Americanos, subscreveu referido compromisso.

E, com a assunção desse compromisso internacional, o Poder Judiciário brasileiro tomou para si grande responsabilidade em relação à arbitragem, pois, a cada instalação de Câmaras Arbitrais, deverá ele sempre apoiar as iniciativas, fornecendo todos os instrumentos necessários para o seu bom funcionamento, bem como contribuir para que as convenções de arbitragem sejam cumpridas. E ainda que eventuais incidentes surgidos no curso do procedimento arbitral sejam devidamente solucionados pela Justiça tradicional, com fundamento nos modernos princípios adotados pela Lei de Arbitragem.

No Brasil, vale ressaltar, ainda temos a Lei de Sociedade por Ações que foi alterada em 2001 permitindo a previsão, nos estatutos das sociedades por ações, de solução das divergências, por meio da arbitragem, entre os acionistas e a companhia, ou entre os acionistas controladores e os acionistas minoritários (Lei n. 6.404, de 15 de dezembro de 1976, alterada pela Lei n. 10.303, de 31 de outubro de 2001, art. 109, § 3º).

5.1. ARBITRAGEM: ABORDAGEM CONCEITUAL, CARACTERÍSTICAS E PRINCIPAIS ASPECTOS

Diante da análise do contexto histórico da arbitragem, cuja lei completou 15 anos no dia 23 de setembro de 2011, percebe-se que a arbitragem ou Justiça Privada, como muitos preferem chamar, realmente vem ganhando cada vez mais espaço e efetividade no cenário jurídico nacional, e que, aos poucos, tornar-se-á um eficiente instrumento de cidadania e da Paz social, como bem disse a Exma. Ministra do STJ Fátima Nancy Andrighi ao iniciar mais uma de suas brilhantes palestras:

> Rogando de todos a benevolência na crítica, tenho por compreensível que a atitude aparentemente afoita que assumi ao aceitar o convite, sem dúvida, **decorre do sonho que tenho de ver a adoção da arbitragem como instrumento de cidadania e da paz social.** [Grifo nosso] [84]

A arbitragem, na concepção de Carlos Alberto Carmona, um dos integrantes da comissão que elaborou o anteprojeto da lei de arbitragem no Brasil, pode ser conceituada como:

> [...] uma técnica para solução de controvérsias através da intervenção de uma ou mais pessoas que recebem seus poderes de uma convenção privada, decidindo com base nesta convenção, sem intervenção do Estado, sendo a decisão destinada a assumir eficácia de sentença judicial.

Antes de tecer comentários mais aprofundados sobre o instituto da arbitragem, faz-se indispensável esclarecer as principais diferenças entre os três meios alternativos de resolução pacífica de controvérsias, atualmente mais utilizados, quais sejam: conciliação, arbitragem e mediação.

A diferença básica entre conciliação, arbitragem e mediação é que a conciliação e a mediação são métodos autocompositivos de solucionar conflitos, enquanto que a arbitragem é uma técnica heterocompositiva.

---

(84) Palestra proferida no Primeiro Congresso Internacional de Arbitragem em Bauru, 23 de maio de 2002, sobre cujo tema foi: *Arbitragem: instrumento de cidadania e da paz social.*

Portanto, pode-se dizer que a diferença básica entre a arbitragem, a mediação e a conciliação consiste no poder conferido ao árbitro de impor a solução às partes, senão vejamos:

- **na conciliação**, o árbitro é o conciliador, o qual deve propor soluções para que as partes cheguem a um acordo, podendo e devendo interferir fazendo sugestões e propostas com esse objetivo;

- **na mediação**, o árbitro é o mediador, que deverá ser neutro e imparcial, pois sua função é apenas auxiliar as partes na resolução do conflito, devendo fazer que elas mesmas busquem uma solução pacífica sem a sua interferência, porque não pode sugerir termos ou condições para o acordo;

- **na arbitragem**, o árbitro é o juiz da questão, escolhido pelas partes. E ele tem a função de julgar o conflito intersubjetivo de interesses e impor uma solução pacífica, enquanto que as partes obrigam-se a respeitar essa decisão, contra a qual não cabe recurso.

Focalizadas as principais diferenças entre os mais importantes meios alternativos de solução pacífica dos conflitos, passemos a um breve comentário dos mais relevantes aspectos legais do instituto da arbitragem, conforme a lei que a instituiu.

A Lei da Arbitragem n. 9.307/1996 é composta de 44 artigos. Essa lei iguala a sentença arbitral à sentença estatal, sem necessidade de homologação judicial e introduz três importantes inovações no ordenamento jurídico pátrio:

- a instituição da arbitragem por convenção, através do compromisso arbitral ou da cláusula compromissória, conforme prevista no art. 3º;

- a valoração da sentença ou laudo arbitral, que passa a ter a mesma eficácia da sentença estatal, conforme seu art. 18; e

- o estabelecimento de competência ao STF para homologar sentenças arbitrais estrangeiras, nos termos do art. 102, I, "h", da CF/1988, e do art. 35 da Lei n. 9.307/1996, competência esta que, frise-se, a partir da EC n. 45/2004, passou a ser do STJ — Superior Tribunal de Justiça.

Na Lei de Arbitragem, encontramos basicamente todas as respostas para dirimir quaisquer dúvidas sobre a efetiva utilização do instituto da arbitragem, senão vejamos: "Qualquer pessoa capaz de contratar, ou seja, todas as pessoas físicas maiores de 18 anos que tenham discernimento e possam exprimir sua vontade, bem como as pessoas jurídicas podem fazer uso da arbitragem".

Essa exigência se justifica em virtude do princípio da autonomia da vontade, uma vez que as partes têm a liberdade de instituí-la ou não, e de convencionarem livremente: as regras aplicáveis ao procedimento arbitral, a lei aplicável, a escolha e número de árbitros, o local da arbitragem, a concessão para resolver por equidade. Estando limitadas apenas pelas leis e princípios de ordem pública, pois são elas que garantem validade e executoriedade da sentença arbitral.

Em relação a esse assunto de capacidade, o professor Carlos Alberto Carmona[85], citando Angelo Favata, ensina que essa capacidade jurídica exigida consiste "na aptidão de tornar-se sujeito de direitos e deveres".

Ainda sobre essa questão de capacidade exigida para a arbitragem, também comentam Paulo Furtado e Uadi Lammêgo Bulos[86]:

> Mas quem pode beneficiar-se da arbitragem? Apenas as pessoas capazes. E se explica: é que no ordenamento jurídico pátrio participam das relações obrigacionais as pessoas que possuem capacidade processual (CPC art. 7º). Essa capacidade processual, também chamada de capacidade para estar em juízo ou, ainda, *legitimatio ad processum*, não deve ser confundida com a capacidade de ser parte (CC, art. 2º) e com a capacidade postulatória (CPC, art. 36, e Lei n. 8.906/1994, art. 4º).

Os instrumentos que legitimam o uso da arbitragem são: o compromisso arbitral ou a cláusula compromissória.

O compromisso arbitral é um contrato próprio, um acordo de vontades em que as partes escolhem a arbitragem ou juízo arbitral como meio para resolver um conflito que já existe, ou seja, através desse contrato, as partes instituem o juízo arbitral, escolhendo o(s) árbitro(s), delimitando os pontos controvertidos e determinando as regras sob as quais a arbitragem deverá se processar para solucionar o conflito que já está instalado.

A cláusula compromissória ou arbitral é aquela inserida em determinado contrato, por vontade das partes contratantes, através da qual se prevê que futuros conflitos oriundos daquele negócio jurídico firmado serão resolvidos por juízo arbitral, tendo, portanto, essa cláusula o mesmo efeito de uma obrigação de fazer, que também se resolve em perdas e danos, uma vez que fruto da autonomia da vontade dos pactuantes.

---

(85) CARMONA, Carlos Alberto. *Arbitragem e processo. Um comentário à Lei n. 9.307/1996*. 3. ed. São Paulo: Atlas, p. 38.
(86) FURTADO, Paulo; BULOS, Uadi Lammêgo. *Lei da arbitragem comentada*, p. 26.

Portanto, conforme diferenciações anteriormente bem enfocadas, cabe alertar que, sob o aspecto processual, no Brasil, há distinção sim entre cláusula e compromisso arbitral.

Por fim, é relevante enfatizar o poder que as partes têm de escolher livremente a lei a ser seguida, conforme dispõe o art. 2º da Lei de Arbitragem, que confere expressamente às partes o direito de elegerem o modo pelo qual querem ter o litígio julgado, e, sendo assim, podem as partes optar pela arbitragem de direito ou de equidade, sendo possível convencionar a arbitragem com base nos princípios gerais de direito, nos usos e costumes e nas regras internacionais de comércio.

Sobre a arbitragem por equidade é relevante destacar o que afirma Carlos Alberto Carmona:

> Em outros termos, sendo a norma abstrata, criada para reger fatos-tipos, pode acontecer que em dado caso concreto ocorra circunstância que o legislador não havia previsto, tornando a incidência da norma injusta e inadequada.
>
> É nesta hipótese que atuaria a equidade, autorizando o legislador a mitigar a severidade da norma. Assim, quando autorizado a julgar por equidade, o julgador pode com largueza eleger as situações em que a norma não merece mais aplicação, ou porque a situação não foi prevista pelo legislador, ou porque a norma envelheceu e não acompanhou a realidade, ou porque a aplicação da norma causará injusto desequilíbrio entre as partes [...].[87]

E, quanto a isso, continua Carmona ainda na mesma obra citada, e conclui: "Em outros termos, se a aplicação da norma levar a uma solução justa do conflito, o árbitro a aplicará, sem que isto possa ensejar qualquer vício no julgamento".

Pode ser árbitro qualquer pessoa maior de 18 anos e civilmente capaz, escolhida pelos pactuantes como sendo de total confiança. Não é preciso ser advogado, mas é de bom alvitre que ao menos se domine a matéria objeto da controvérsia, tais como engenheiros, contadores, economistas, médicos, e possua conhecimentos jurídicos suficientes para supervisionar o procedimento arbitral em relação a vícios formais e zelar para que a sentença arbitral obedeça aos requisitos legais de validade. Tendo como principais obrigações: imparcialidade, independência, competência, diligência e confidencialidade nas deliberações[88].

---

(87) CARMONA, Carlos Alberto. *Arbitragem e processo. Um comentário à Lei n. 9.307/1996*. 2. ed. rev. atual. e ampl. São Paulo: Atlas, 2004. p. 76.

(88) O árbitro deve pautar-se, sobretudo, em princípios éticos, e, para tanto, é bom que tenha conhecimento sobre o Código de Ética dos Árbitros Internacionais, que foi elaborado pela associação de advogados

O árbitro age como juiz de fato e de direito, e a sentença por ele proferida, se o tiver sido no Brasil, não necessita de homologação judicial e dela não cabe recurso. Mas, deve-se ressaltar que as prerrogativas atribuídas por lei aos membros do Poder Judiciário não são extensivas aos árbitros, os quais, todavia, quando no exercício de duas funções, são equiparados a funcionários públicos exclusivamente para fins penais.

É bom se ter em mente que não existem órgãos estatais ou oficiais de arbitragem, pois este é um meio privado de resolução de controvérsias, e também que a arbitragem não pode ser imposta a ninguém, porque ela não é obrigatória, decorre da autonomia volitiva, isto é, você só se submete à escolha se quiser! E, legalmente, não existe a profissão de árbitro no que diz respeito ao instituto da arbitragem, portanto não há que se falar em emissão de carteira, diplomas ou certificados de árbitro, nem tampouco de empregos para se trabalhar como árbitro, uma vez que, como já foi explicado, a atuação do árbitro só se legitima com a escolha voluntária das partes que decidiram resolver seus conflitos através da arbitragem, a qual se pauta na confiança que tais partes têm em relação à pessoa escolhida para ser árbitro na resolução da controvérsia.

É importante saber que só se pode submeter à arbitragem questões sobre direitos disponíveis, isto é, direitos patrimoniais sobre os quais as partes têm plena disposição, que podem ser objeto de transação, renúncia ou cessão.

Portanto, problemas decorrentes de contratos em geral podem ser solucionados através do procedimento arbitral, inclusive de contrato de sociedade, bem como questões envolvendo responsabilidade civil.

Então, daí se conclui que questões de direito penal, direito tributário, relativas à falência e recuperação de empresas, e questões de direito de família, não podem ser resolvidas através de arbitragem, visto que todas tratam de direitos indisponíveis, que não podem ser comercializados, transacionados, renunciados ou cedidos.

Mas, quanto a esse assunto, observa o professor Carmona que, mesmo diante de uma questão decorrente da aplicação da lei penal ou de família, nada impede que as consequências patrimoniais do ilícito possam ser submetidas ao árbitro:

> [...] se é verdade que uma demanda que verse sobre o direito de prestar e receber alimentos trata de direito indisponível, não é menos

---

internacionais — *International Bar Association* — *IBA*, em 1956, o qual, apesar de ser direcionado para arbitragens comerciais internacionais, pode ser utilizado também em arbitragens nacionais, sejam cíveis, trabalhistas ou comerciais, pois seguem padrões éticos universais.

verdade que o *quantum* da pensão pode ser livremente pactuado pelas partes (e isto torna arbitrável esta questão).[89]

Ainda nessa mesma obra, lembra Carmona ter havido mudança no texto legal (o CPC determinava que o objeto da mediação eram os direitos patrimoniais sobre os quais a lei admita transação), e afirmando que atualmente são arbitráveis as controvérsias sobre as quais se possa transigir. E, quanto ao objeto da arbitragem, o Professor Carmona sustenta a arbitrabilidade das questões laborais independentemente de qualquer menção específica sobre o tema na Lei n. 9.307/1996.

Por fim, é de suma importância atentar para as principais vantagens da arbitragem em relação ao procedimento judicial:

• Preservação da relação entre as partes: por ser mais humanizado e menos mecanizado, é mais democrático, preserva a paz entre os pactuantes e, por isso, a possibilidade de uma das partes sair insatisfeita é muito remota;

• Autonomia da vontade das partes: as partes têm maior liberdade, podem escolher o procedimento — as regras de direito material e processual aplicáveis — que irão utilizar para resolver a controvérsia e os árbitros;

• Especialização do(s) árbitro(s): quando as partes nomeiam como árbitros especialistas na matéria objeto do litígio, com certeza a decisão tende a ser mais justa, além de dispensar gastos com perícias;

• Celeridade: em virtude dos princípios que norteiam o procedimento arbitral, via de regra, ele tende a ser bem mais rápido que o processo judicial, que tem muitas formalidades desnecessárias. Afinal de contas, de acordo com recentes comentários feitos pelo Ministro Gilmar Mendes, um processo que tenha chegado ao STF leva, em média, 12 (doze) anos para ser julgado em todas as instâncias do país. Sem dúvidas esta é uma das mais importantes vantagens do procedimento arbitral em relação ao procedimento judicial tradicional, pois, conforme o ilustre mestre Rui Barbosa sabiamente afirmou: "Justiça tardia não é Justiça, senão injustiça qualificada e manifesta";

• Segurança pela irrecorribilidade da sentença: a decisão do juízo arbitral é efetivamente definitiva, pois dela não cabe recurso, apenas pedido de esclarecimento ou sua nulidade, enquanto a sentença judicial tem infindáveis possibilidades de recursos;

---

(89) CARMONA, Carlos Alberto. *Arbitragem e processo. Um Comentário à Lei n. 9.307/1996*, p. 48.

- Informalidade: é mais informal e flexível do que o processo judicial.

5.2. UM BREVE PANORAMA DA ARBITRAGEM NO BRASIL E NO MUNDO

Inicialmente, só para termos uma noção da dimensão histórico-evolutiva da arbitragem no Brasil e no mundo, passo a transcrever algumas notícias e manchetes de jornais, revistas e periódicos que desde o ano de 2004 melhor revelam a ascensão desse instituto em nível nacional e internacional; bem como a opinião favorável de alguns renomados juristas, brasileiros e estrangeiros, acerca das grandes vantagens da adoção da arbitragem em diversas áreas do direito:

> ESTRANGEIROS RECONHECEM EVOLUÇÃO DA ARBITRAGEM NO BRASIL[90]
>
> Os maiores especialistas mundiais em arbitragem reuniram-se em São Paulo nesta quinta-feira (12.2) para discutir os rumos dessa alternativa de justiça privada. O tema da conferência (7º *IBA International Arbitration Day*) foi a evolução e a utilização da arbitragem na América Latina.
>
> A *International Bar Association* trouxe ao Brasil especialistas da Argentina, Chile, China, Inglaterra, Equador e outros representantes de demais países, que falaram o mesmo idioma, compartilhando interesse, conhecimento e experiência.
>
> [...] Em 1996, editada a Lei n. 9.307/1996, ou, simplesmente, Lei Brasileira de Arbitragem, o sistema "ganhou a força vinculante e a execução compulsória da cláusula arbitral" de que precisava. A partir desse ponto, a arbitragem no Brasil embrenhou-se por um caminho de crescente evolução que trouxe esperanças válidas para a vida arbitral do país.
>
> No Brasil, a arbitragem tem sido cada vez mais aceita e reconhecida. Para o professor Arnoldo Wald, um dos advogados mais respeitados do país, credenciado como árbitro nos Estados Unidos e na Europa, o significado e a principal conclusão dessa conferência "foi o reconhecimento do bom funcionamento da arbitragem no Brasil e da competência dos árbitros brasileiros na resolução de causas principalmente comerciais e administrativas". A arbitragem brasileira está num bom grau de evolução. **De acordo com o professor Wald, foram "80 anos em 8"** [Grifo nosso]. Esse resultado

---

(90) Fonte: *Revista Consultor Jurídico*, 12.2.2004.

deve ser valorizado, pois ele possibilita e até exige o uso da arbitragem nas causas que envolvem as Parcerias Público-Privadas, em pauta no direito administrativo. "As PPPs contam com o bom funcionamento da arbitragem brasileira", diz Wald. Nas negociações brasileiras atuais — em abertura e desenvolvimento ascendentes — é indispensável o uso da arbitragem, que na opinião do professor provocou uma "revolução cultural" no Brasil.

Entre os advogados e operadores de Direito que participaram do evento estiveram o secretário-geral da CCI (Câmara de Comércio Internacional), Eduardo Silva Romero, os advogados Bernard Hanotiau (Bélgica), Matillha Serrano (Paris), Grigera Naon (Washington), Nigel Blackaby (Paris), Bernardo Cremades (Madrid), Claus Von Beserer (México) e John Beechey (Londres), entre outros.

Entre os profissionais do Brasil estão: os professores e advogados Luiz Gastão Leães, Arnoldo Wald, Luiz Olavo Batista, José Carlos Magalhães e Gilberto Giusti.

ARBITRAGEM EM NEGOCIAÇÃO INTERNACIONAL CRESCE NO PAÍS

Também a representação da América Latina tem apresentado crescimento, mas em ritmo ainda mais acelerado, de 50% ao ano.[91]

Desde 2002, cresceu 22% a participação de empresas brasileiras em contratos internacionais que lançam mão da arbitragem como alternativa a demandas judiciais. Também a representação da América Latina tem apresentado crescimento, mas em ritmo ainda mais acelerado, de 50% ao ano. Na Corte Internacional de Arbitragem da Câmara Internacional do Comércio (CIC), um dos mais importantes centros de arbitragem do mundo, empresas argentinas e mexicanas lideram a atuação como parte nos procedimentos. O Brasil aparece na terceira posição.

Essas proporções elevam as expectativas de Robert Briner, presidente da Corte da CIC, quanto ao futuro do Brasil e da América Latina na solução de conflitos internacionais por meio da arbitragem. "De janeiro a agosto deste ano, 21 empresas brasileiras já se apresentaram como parte em procedimentos arbitrais da Corte, enquanto em todo o ano passado o total de casos envolvendo o Brasil foi de 22", afirma. Segundo ele, em cinco anos de experiência mais significativa com a ferramenta, o subcontinente alcançou a marca

---

(91) Fonte: *Jornal DCI*, São Paulo, 15.9.2004.

de abrigar 12% das empresas que tomam parte nos procedimentos arbitrais conduzidos pela Corte.

"Por isso, temos a preocupação de manter uma corte multicultural e deixar livre para a escolha das partes o local e a língua em que serão realizados os trabalhos", justifica Briner. Ele conta que, no ano passado, a CIC promoveu procedimentos arbitrais em 85 países e em cerca de 20 línguas diferentes. "Também respondemos ao aumento da procura latino-americana com o quadro de árbitros. Brasil, México e Argentina estão entre os doze mais representados", informou.

JUDICIÁRIO SUSTENTA ARBITRAGEM — Pesquisa mostra que, quando levado aos tribunais, método é confirmado[92]

A jurisprudência brasileira tem sido positiva para a arbitragem no que se refere à manutenção das decisões emitidas por meio desse método extrajudicial. Uma pesquisa realizada pelo advogado Eduardo Grebler, do Grebler, Pinheiro, Mourão e Raso, entre as decisões disponíveis no banco de dados eletrônico dos 27 tribunais estaduais e do Distrito Federal, dos cinco tribunais regionais federais e do Superior Tribunal de Justiça (STJ), aponta que, das 14 decisões que tratam do tema, apenas uma foi favorável ao cancelamento da sentença arbitral. O levantamento refere-se ao período entre 1998 e agosto de 2004. Apesar da pesquisa estar sujeita a distorções, pois foi baseada apenas no material disponível na internet, os números demonstram uma tendência positiva do Judiciário em relação ao tema. "No início da Lei de Arbitragem, as pessoas imaginavam que a Justiça não ia dar validade às sentenças arbitrais", afirma.

Pela Lei de Arbitragem brasileira — a Lei n. 9.307/1996 —, a decisão do árbitro não pode ser alterada pelo Judiciário. A Justiça poderá anular a decisão, mas apenas em casos excepcionais previstos na lei e que envolvam irregularidades durante o procedimento arbitral ou na convenção de arbitragem. Das 14 decisões encontradas, apenas uma é do STJ. As demais são de tribunais de Justiça.

JUÍZO ARBITRAL — ÓRGÃOS PÚBLICOS IRÃO RESOLVER CONFLITOS FORA DO ÂMBITO DA JUSTIÇA[93]

Arnoldo Wald, professor e advogado do Wald Associados Advogados, acredita que o Juízo Arbitral terá impacto positivo no mundo dos negócios e criará melhores condições para o desenvolvimento

---
(92) Fonte: *Jornal Valor Econômico*, 20.10.2004.
(93) Fonte: *Revista Consultor Jurídico*, 18.11.2004.

econômico do país: "As dúvidas sobre arbitragem para entidades públicas estavam prejudicando o bom andamento da economia. Há decisões divergentes sobre a validade de cláusula arbitral para entidade de direito público. Agora, a arbitragem vai ser prestigiada em casos complexos".

Segundo Wald, muitas empresas e entidades internacionais só aceitam negociar se o contrato tiver cláusula arbitral. "As discussões na Justiça sobre arbitragem em contratos entre entidades públicas e empresas privadas criaram incertezas e afetaram em certo sentido a segurança jurídica. Com a aprovação da reforma, acaba essa discussão."

Para Luiz Flávio Gomes[94], doutor em Direito Penal e professor, haverá um grande ganho no tempo de tramitação dos processos: "Será possível resolver um conflito em seis meses. Um mesmo caso no TJ paulista, por exemplo, poderia levar cinco anos para ser decidido".

O advogado do escritório Emerenciano, Baggio e Associados Advogados Luiz Augusto Baggio, especialista em direito constitucional, destaca a necessidade de se respeitar a neutralidade dos juízos, sem interferência do estado e do poder econômico: "O Juízo Arbitral é extremamente saudável e deveria ser mais utilizado. Se ele continuar da forma em que está, com o juízo desvinculado do estado e da empresa, será perfeito".

STJ confirma possibilidade do uso da arbitragem em contratos administrativos[95]

Em 25.10.2005, a segunda turma do Supremo Tribunal de Justiça (STJ) proferiu, por unanimidade, decisão pioneira confirmando a validade da cláusula compromissória em contratos firmados com empresas públicas ou sociedades de economia mista. O conflito surgiu a partir de divergências oriundas de contrato de compra e venda de energia elétrica firmado entre a empresa AES Uruguaiana e a CEEE (Companhia Estadual de Energia Elétrica), que previa o juízo arbitral para solucionar os eventuais conflitos entre as partes. Iniciado o procedimento arbitral pela AES, a CEEE se recusou a

---

(94) Doutor em Direito Penal pela Faculdade de Direito da Universidade Complutense de Madri, mestre em Direito Penal pela USP, secretário-geral do Instituto Panamericano de Política Criminal (Ipan), consultor, parecerista, fundador e presidente da Rede de Cursos Luiz Flávio Gomes (LFG) — primeira rede de ensino telepresencial do Brasil e da América Latina, líder mundial em cursos preparatórios telepresenciais.
(95) Fonte: *Valor Econômico*, 27.10.2005.

participar do mesmo sob a alegação de que, sendo empresa prestadora de serviço público, não poderia se sujeitar à arbitragem. Tal entendimento foi suportado pelos juízos de primeira e segunda instância no Rio Grande do Sul, cujo Tribunal de Justiça concedeu medida liminar para suspender o procedimento arbitral. Inconformada com tais decisões, a AES recorreu ao STJ (Recurso Especial n. 612.439) que determinou a extinção do processo judicial em curso e a sujeição das partes à arbitragem. Segundo manifestação do STJ, a arbitragem é um meio eficaz e necessário para a inserção dos agentes públicos e privados no mercado globalizado. O advogado da AES, Dr. Arnoldo Wald, em entrevista ao Jornal *Valor Econômico*, disse que "Esta decisão é a primeira do STJ a tratar dessa polêmica questão e vinha sendo aguardada com expectativa pelo meio jurídico nacional e internacional, inclusive pela Corte Internacional de Arbitragem da CCI".

Cresce a participação do Brasil em arbitragens CCI[96]

Em recente visita ao Brasil, a Secretária Geral da Corte de Arbitragem da Câmara de Comércio Internacional de Paris (CCI), Anne Marie Whitesell, confirmou o avanço da participação do Brasil em arbitragens internacionais administradas pela CCI. Segundo Anne Marie "o número de árbitros nacionais registrados no sistema da CCI pulou de oito em 2000 para 22 no ano passado, enquanto a escolha do Brasil como sede legal das disputas avançou de um caso há cinco anos para 10 em 2004". Informa, ainda, que "no ano passado, 30 partes brasileiras participaram do sistema da Corte Internacional de Arbitragem (CCI) em Paris, um expressivo salto em comparação com as 10 partes envolvidas em algum tipo de disputa na CCI em 2000".

SÃO PAULO SERÁ O CENTRO DE ARBITRAGEM DA AMÉRICA LATINA[97]

Nova Ordem

A Seção Paulista da Ordem dos Advogados do Brasil vai investir fortemente no preparo de profissionais para atuar com arbitragem no Estado. Essa decisão da diretoria da OAB será implementada pelo advogado Arnoldo Wald Filho, que acaba de ser nomeado presidente da Comissão de Arbitragem da entidade.

---

(96) Fontes: *Jornal do Brasil*, 24.10.2005, e *Gazeta Mercantil*, Caderno A, 25.10.2005.
(97) Revista *Consultor Jurídico*, 15.3.2007, Tribunal de Justiça-SP.

Wald Filho acumula mais de vinte anos de atuação profissional nos tribunais de São Paulo, Brasília e Rio de Janeiro. É árbitro da Câmara da Fundação Getúlio Vargas e sócio de um dos escritórios mais operantes no setor da arbitragem, com atividade pioneira no campo internacional e interno, além de advogar em numerosos casos nos quais as decisões arbitrais têm sido discutidas perante o Poder Judiciário.

Dentro das diretrizes delineadas pelo presidente da Seccional, Luiz Flávio D'Urso e demais dirigentes, ele tem a missão de dinamizar a Comissão num momento em que a arbitragem evolui em proporções geométricas nos dez últimos anos.

Wald Filho pretende impulsionar essa nova frente para o mercado de trabalho dos advogados com um programa de democratização da arbitragem. O trabalho objetiva incorporar um maior número de profissionais na nova atividade, preparando as novas gerações de advogados no sentido de ampliar e fortalecer o setor. Para tanto, pretende organizar cursos e promover eventos com a participação das Faculdades de Direito, das Câmaras de Arbitragem e de Mediação e das Escolas Paulistas da Magistratura e da Advocacia.

Embora exista a possibilidade de se ter leigos em Direito como árbitros, a tendência mundial tem mostrado que são os advogados os profissionais melhor aparelhados para a função. "Isso requer dos órgãos de classe um papel essencial na formação e acompanhamento das atividades tanto no plano técnico como ético", observa o dirigente.

Atualmente, são feitas no país mais de quatro mil arbitragens por ano. A mais significativa fatia dos litígios comerciais e trabalhistas é solucionada em São Paulo — o que explica a importância da ação da OAB-SP no sentido de dar à classe o devido apoio para a formação e aprimoramento dos profissionais com materiais e informações para o desenvolvimento da advocacia no setor.

Para Arnoldo, "a arbitragem não pode, nem deve, competir com o Poder Judiciário" — que lhe dá apoio e exerce um poder de controle sobre as decisões arbitrais. Os campos de atuação são diversos e o bom funcionamento da arbitragem pressupõe diálogo e entendimento entre árbitros e juízes. Essa colaboração se torna ainda mais necessária diante da globalização, da multiplicação de questões internacionais complexas e da necessidade que o comércio tem de decisões cada vez mais rápidas e qualificadas.

A necessidade de investimentos privados para complementar a atuação do Estado, em contratos de longo prazo — que, pela sua natureza, pressupõem o uso tanto da arbitragem quanto da mediação — é outro fator fundamental para o investimento nessa modalidade de justiça privada. "É por isso que as leis recentes a respeito da concessão e das Parcerias Público-Privadas contêm uma previsão de arbitragem, mediante a inclusão de cláusula compromissória", explica Wald Filho. Nesses diplomas, exige-se que a arbitragem seja feita no Brasil e em língua portuguesa, evitando-se, assim, decisões de árbitros que desconheçam a realidade econômica nacional.

O contexto indica com clareza que cabe a São Paulo o papel de ser o grande centro latino-americano de arbitragem — "quer pela sua inserção na economia brasileira, quer pelo fato de não existir, na América do Sul, outra cidade tão aparelhada para assumir essa condição". Wald Filho enfatiza que a circunstância de um mundo pluripolarizado impõe a São Paulo, ao lado dos centros tradicionais de arbitragem, como Paris, Londres e New York, um protagonismo fundamental na solução de litígios locais e internacionais — um posicionamento que só destaca a responsabilidade da OAB paulista na consecução de seus objetivos.

Como se percebe claramente pelas notícias anteriores, cronologicamente selecionadas para possibilitar uma visão evolutiva mais detalhada, a utilização da arbitragem na atualidade, sem dúvidas, está recebendo, em progressão geométrica, preferência de diversos setores da sociedade brasileira, inclusive do próprio Poder Judiciário, e, sobretudo, da comunidade internacional.

Acreditamos que o maior limite ao início da implantação da arbitragem no Brasil foi realmente de natureza cultural, pois não se pode olvidar que o Direito brasileiro tem as suas origens no chamado Sistema Jurídico Europeu ou do Sistema da *Civil Law*, o qual tem raízes no Direito Romano. Portanto, infelizmente, muitos limites foram impostos por estarmos intimamente interligados a sistemas tradicionais, como o do direito português, do espanhol, do italiano e também do direito francês e, apenas com tímidas influências do direito alemão. Então, vale considerar que diferentemente dos países que adotaram ou foram mais fortemente influenciados pelo Sistema da *Commom Law*, aqueles ordenamentos não costumavam adotar a arbitragem como um meio alternativo de resolver conflitos. Cenário este que modernamente vem se moldando por exigências ditadas pela globalização e consequente necessidade de vencer obstáculos nas relações internacionais, uma vez que a arbitragem, neste mister, é um instituto muito valorizado pela Comunidade Europeia.

As Cortes de Conciliação e Arbitragem são ótimos exemplos do início da evolução da arbitragem no Brasil, pois têm se destacado há bastante tempo, sobretudo nos últimos anos, principalmente pela eficácia e celeridade no desempenho de suas atividades e nos ótimos resultados por elas alcançados. De acordo com pesquisa divulgada pela Confederação das Associações Comerciais e Empresariais do Brasil (CACB), só nos primeiros três meses de 2003 houve um aumento em relação a 2002 de aproximadamente 300% no número de procedimentos de arbitragem comercial iniciados no país, e, atualmente, estes números só têm superado as expectativas.

Eis alguns dados estatísticos importantes sobre a evolução da arbitragem no Brasil:

Até o ano de 2001, quando o STF julgou e decidiu pela constitucionalidade da Lei n. 9.307/1996 (Lei da Justiça Arbitral) eram cerca de 95 (noventa e cinco) instituições operacionalizando a Mediação, a Conciliação e a Justiça Arbitral no Brasil.

Após a favorável decisão do Supremo Tribunal Federal, houve um crescimento maior que 200% no número de Câmaras, Cortes e Tribunais Arbitrais no Brasil. No início de 2004 já existiam mais de 350 Câmaras, Cortes e Tribunais Arbitrais no Brasil. Somente no Distrito Federal já existem 48 tribunais arbitrais registrados em cartório, e segundo levantamentos da Promotoria de Defesa do Consumidor em 2009, no Distrito Federal, já existiam 4 Cortes, 9 Câmaras, 4 conselhos, 3 institutos e 4 associações arbitrais, além de 2 escolas da magistratura arbitral.

Houve também um aumento significativo das entidades oficias, pois, antes de 1996, eram cerca de três ou quatro entidades; hoje já são mais de 700 em todo o Brasil.

Inclusive atualmente merecem destaque as Centrais e Câmaras de Conciliação, Mediação e Arbitragem que estão, regularmente, sendo inauguradas nos estados, em atendimento à Recomendação n. 8 do CNJ de 27.2.2007, a exemplo do Tribunal de Justiça de Pernambuco (TJPE), que foi um dos primeiros a fazê-lo, pois ainda em 2007, no dia 21 de novembro, foi inaugurada a Central de Conciliação, Mediação e Arbitragem no 5º andar do Fórum Rodolfo Aureliano em Recife, a qual, segundo o juiz coordenador do projeto, Ruy Patu, tem como objetivo aproximar o juizado do cidadão e desafogar o fluxo de serviços, tentando assim solucionar processos pendentes de julgamento em no máximo seis meses.

É importante saber ainda que essas Centrais criadas atendem partes e advogados no local, para agendamento de conciliações e mediação, tanto em processo judicial suscetível de transação como também em conflitos ainda não ajuizados, mas que seja conveniente, antes, uma tentativa de composição amigável (ex. cobranças de aluguel, despejos, reclamações contra concessionárias do serviço público, separações, alimentos, etc.).

Além desta Central, o Tribunal de Justiça de Pernambuco (TJPE) inaugurou no dia 15.8.2008 outra Central de Conciliação e Mediação que funciona no 1º andar do Palácio da Justiça. Segundo o presidente da Comissão de Conciliação, Mediação e Arbitragem (CCMA), Carlos Eduardo Vasconcelos, as câmaras e centrais de Mediação são unidades das respectivas jurisdições que têm a finalidade de promover conciliações, mediações e arbitragens em conflitos judiciais e extrajudiciais, relativos a direitos patrimoniais disponíveis, inclusive pertinentes a reparações de danos decorrentes de infrações penais de menor potencial ofensivo, com objetivo de prevenir litígios que venham a se acumular no Poder Judiciário e, ao mesmo tempo, resolver os que já foram ajuizados, através de técnicas extrajudiciais de solução de conflitos intersubjetivos e patrimoniais privados. E, ainda de acordo com o referido presidente da CCMA: "As Centrais e Câmaras representam — como já ocorreram em outros países — mais oportunidades para os profissionais do Direito, especialmente nas atividades de mediar e julgar conflitos; antes confiadas exclusivamente aos juízes, num monopólio que não condiz com a dimensão e a complexidade dos conflitos interpessoais da modernidade"[98].

Em 6 de junho de 2009 foi inaugurada a Central de Conciliação, Mediação e Arbitragem na comarca de Olinda/PE, cidade histórica e patrimônio cultural da humanidade, sobre a qual o diretor do Fórum, juiz Claudio Malta, afirmou:

> A Central é mais uma tentativa de encurtar o tempo de julgamento e de decisão final dos processos, beneficiando a população. Essa nova prática também exigirá uma mudança cultural na sociedade e nos operadores do Direito, que poderão tentar a conciliação antes mesmo do início do processo litigioso[99].

E, além disso, a exemplo também do estado de Pernambuco, estão sendo firmadas várias parcerias com instituições de ensino[100], instalando-se unidades de Câmaras de Conciliação, Mediação e Arbitragem, descentralizando os serviços e facilitando ainda mais o acesso à Justiça.

Merecem igual destaque neste propósito os convênios que os Tribunais de Justiça dos Estados estão celebrando com Cortes de Conciliação e Arbitragem (CCAs) que é uma forma descentralizada de Justiça para resolver, via conciliação ou sentença arbitral, ações de cobrança comercial, industrial, imobiliárias, condomínios, escolas, faculdades, reparação de danos, entre outras, evitando que as partes ajuízem uma ação no Judiciário.

---

(98) Disponível em: <http://www.conima.org.br/noticias/noticias_36.html> Acesso em: 29.10.2011.
(99) Disponível em: <http://tj-pe.jusbrasil.com.br/noticias/1222977/central-de-conciliacao-em-olinda-e-inaugurada> Acesso em: 11.2011. Fonte: Poder Judiciário de Pernambuco — Ascon TJPE.
(100) Disponível em: <www.cnj.jus.br/c4fc> Acesso em: 29.10.2011. Fonte: TJPE/CNJ <http://www.avozdavitoria.com/noticias/tjpe-e-facol-inauguram-central-de-conciliacao-em-vitoria-de-santo-antao/> Acesso em: 29.10.2011.

E vale saber que o Tribunal de Justiça de Goiás (TJGO) firmou um convênio nestes moldes com as 1ª, 2ª e 8ª Cortes de Conciliação e Arbitragem de Goiânia, o qual, segundo o idealizador das CCAs, o atual Presidente do TJGO — biênio 2011/2012, Desembargador Vitor Barboza Lenza, pela parceria, o órgão supervisiona e orienta o funcionamento das Cortes de conciliação, enquanto estas entram com a estrutura e arcam com as despesas, e a OAB-GO dá assistência técnico-jurídica. Ainda conforme Lenza, nos 15 anos de funcionamento das Cortes em Goiás houve aproximadamente 400 mil acordos. A 2ª Corte, por exemplo, faz uma média de 50 acordos por dia. Para atingir uma meta desta, segundo ele, são necessárias 10 varas, portanto já é uma garantia de que estas Cortes contribuem muito para a celeridade da Justiça. Ainda de acordo com o desembargador Lenza, basta dizer que 20% do movimento cível são resolvidos pelo sistema de mediação, conciliação e arbitragem[101].

A título informativo, é importante saber a diferença que existe entre uma Central e uma Câmara de Conciliação, Mediação e Arbitragem: quanto à competência não há distinção, a diferenciação entre os vocábulos decorre apenas quanto à localização da sede — visto que o propósito de ambas é o mesmo —, pois a "Central" é instalada na própria estrutura do Poder Judiciário, nas dependências do fórum, do tribunal ou em seus anexos. Já as "Câmaras" são instituídas por entidades da sociedade civil, e por isso funcionam em caráter privado e com próprios recursos, sendo apenas vinculadas ao juiz coordenador designado pelo Presidente do Tribunal. Ambas são supervisionadas por uma Coordenadoria Geral auxiliada, em cada unidade, por um juiz coordenador designado também pelo Presidente do Tribunal[102].

Então, quanto ao fato de estarmos percorrendo o caminho certo atualmente, rumo à concretização da plena Justiça e da Paz social, podemos destemidamente asseverar: "contra fatos não há argumentos", pois a própria experiência dos Tribunais e do Poder Judiciário em todo o mundo, com seus declarados êxitos nos respectivos resultados, já torna notório o sucesso dos meios alternativos ante os meios contenciosos de se resolver controvérsias, e portanto, prescinde de qualquer outra prova o fato de que a paz é o melhor caminho.

Em nível internacional, atualmente são várias as entidades arbitrais que podem ser apontadas como de maior prestígio mundial, como a *International*

---

(101) Disponível em: <http://oab-go.jusbrasil.com.br/noticias/1819327/tj-e-cortes-de-conciliacao-e-arbitragem-voltam-a-firmar-convenio> Acesso em: 29.10.2011 — Fonte: Assessoria de Imprensa/Comunicação da OAB-GO em 31.8.2009.
(102) Disponível em: <http://www.tjpe.jus.br/noticias_ascomSY/ver_noticia.asp?id=6026> Acesso em: 29.10.2011. Fonte: Aspen — TJPE.

Bar Association[103], uma associação que reúne juristas de vários países e que em 1956 elaborou o Código de Ética dos Árbitros Internacionais, o qual sofreu alterações em 1987 e serviu de inspiração para o tracejado das diretrizes da lei de arbitragem brasileira em matéria referente a: imparcialidade, independência, competência, diligência e discrição, como regras de conduta para os árbitros.

Conforme comenta José Augusto Delgado[104], as experiências de utilização da arbitragem nos Estados Unidos estão muito bem detalhadas na coletânea de estudos especialmente a ela destinados pelo *The Justice System Journal* (1991, v. 14, p. 2), onde são explicadas as várias formas de arbitramento, inclusive as denominadas *Court-Annexed Arbitration* e *Court Ordered Arbitration*, isto é, com determinação judicial de uso do arbitramento, realizada pela própria Corte, em substituição ao próprio julgamento. Daí, o *rental judge* (juiz de aluguel), a mostrar, segundo o relato norte-americano, o acerto das partes em torno da submissão do conflito ao julgamento de cidadão contratualmente investido na função de dirimir-lhes o conflito — atuando, ao que se noticia, nesses casos, profissionais respeitáveis do Direito, entre os quais advogados, promotores e juízes aposentados.

Por fim, a título informativo, ainda conforme o professor Delgado, é relevante registrar, em ordem cronológica, os mais importantes Tratados multilaterais existentes no âmbito da arbitragem privada:

- Protocolo de Genebra sobre Cláusulas Arbitrais de 24.9.1923 (Protocolo de Genebra). Ele reconhece a validade da cláusula compromissória como juridicamente válida quando a arbitragem for internacional. **O Brasil ratificou-o em 22.3.1932, pelo Decreto n. 21.187, de 22.3.1932.**

---

(103) A *International Bar Association (IBA)* <http://www.ibanet.org/>, fundada em 1947, é a principal organização mundial dos profissionais militantes no Direito e das ordens e associações de advogados. Seu quadro de associados é integrado por mais de 40 mil advogados e quase 200 ordens e associações de classe, estendendo-se através de todos os continentes. A IBA exerce sua influência no desenvolvimento da reforma do Direito Internacional, moldando o futuro da advocacia no mundo inteiro. A IBA tem escritório administrativo em Londres, além de escritórios regionais situados em São Paulo, Brasil, e em Dubai, Emirados Árabes Unidos. Disponível em: <http://www.ibanet.org/About_the_IBA/intro_portuguese.aspx> Acesso em: 28.10.2011.

(104) DELGADO, José Augusto. A arbitragem no Brasil — evolução histórica e conceitual. Escritório *On-Line*, 19.10.2003.
José Augusto Delgado foi Ministro do Superior Tribunal de Justiça (aposentou-se em 5.6.2008). Professor de Direito Público (Administrativo, Tributário e Processual Civil). Professor da UFRN (aposentado). Ex-professor da Universidade Católica de Pernambuco. Sócio Honorário da Academia Brasileira de Direito Tributário. Sócio Benemérito do Instituto Nacional de Direito Público. Conselheiro Consultivo do Conselho Nacional das Instituições de Mediação e Arbitragem. Integrante do Grupo Brasileiro da Sociedade Internacional do Direito Penal Militar e Direito Humanitário. Sócio Honorário do Instituto Brasileiro de Estudos Jurídicos.

- Convenção de Genebra concernente à Execução de Laudos Arbitrais Estrangeiros de 26.9.1927. Cuidou da execução de laudos arbitrais estrangeiros e que foram elaborados conforme o Protocolo de Genebra sobre Cláusulas Arbitrais de 24.9.1923. **O Brasil não o ratificou**.

- Convenção de Nova Iorque de 10.6.1958 sobre o Reconhecimento e Execução de Sentenças Arbitrais Estrangeiras. Elaborada sob o patrocínio das Nações Unidas. Substituiu a Convenção de Genebra acima noticiada. Mais de cem países de todos os continentes. **É o tratado multilateral mais significativo (Ratificado em 1º.1.1995).**

- A Convenção Europeia sobre Arbitragem Comercial Internacional de 10.4.1961 (Convenção de Genebra de 1961) destinava-se a facilitar o comércio entre os países da Europa Ocidental e do Leste Europeu.

- A Convenção de Washington de 18.3.1965 para a Solução das Lides concernentes a Investimentos entre Estados e Nacionais de outros Estados levou à constituição do Centro Internacional para a Solução das Lides em Relação a Investimentos.

- Convenção Interamericana sobre Arbitragem Comercial Internacional do Panamá de 30.1.1975 — **ratificada pelo Brasil pelo Decreto n. 1.902, de 9.5.1996.** [Grifos nossos.]

O Brasil também é signatário da Convenção de Cooperação Judiciária, em Matéria Civil, Comercial, Trabalhista e Administrativa, celebrada com a França em 30.1.1981 e promulgada no país pelo Decreto n. 91.207, de 29.4.1985.

6. O Instituto da Mediação — Breve Histórico

> *"Não existe um caminho para a paz; a paz é o caminho."*
>
> Mahatma Gandhi

A mediação, nos moldes atuais, é um instituto relativamente novo, surgiu nos Estados Unidos da América e era principalmente direcionada a resolver questões comerciais e empresariais. Este modelo inicial de mediação era dirigido exclusivamente para o conflito, e não para os conflitantes, e foi denominado Mediação para Acordos.

Mas, na segunda metade do século XX, precisamente na década de 1970, a mediação foi praticamente reinventada, e passou a valorizar primordialmente as técnicas de negociação difundidas pela Escola de Negociação de Harvard. Então, a partir daí, foi sendo mais utilizada em outras áreas do relacionamento humano, como nos assuntos referentes à família, e assim foi praticamente se humanizando.

Na sua evolução, conforme explica a Dra. Tânia Almeida[105], foi de grande importância a influência das teorias de Robert A. Barush Bush, um teórico da Negociação, e de Joseph F. Folger, um teórico da Comunicação, pois ambas as

---

(105) Tânia Almeida é médica; psicanalista; terapeuta individual e de família; conciliadora e mediadora; docente do ITF-RJ — Instituto de Terapia de Família do Rio de Janeiro; docente, consultora e supervisora em conciliação e mediação — Mediação Familiar, Social e Organizacional; Fundadora e Diretora do Mediare — Centro de Mediação e Resolução Ética de Conflitos do Rio de Janeiro. Disponível em: <http://www.mediare.com.br/>. Coordenadora do Setor de Mediação do NOOS — Instituto de Pesquisas Sistêmicas e Desenvolvimento de Redes Sociais-RJ; coordenadora da Comissão de Ética do Conima — Conselho Nacional das Instituições de Mediação e Arbitragem; integrante da Junta Diretora do *World Mediation Forum* (Biênio 1999/2000) e do Setor Internacional da *Society of Professionals in Dispute Resolution*.

teorias foram somadas e integradas ao processo de mediação dando origem a um novo modelo de mediação, a Mediação Transformativa, em que passou a se privilegiar mais as partes conflitantes ao invés do conflito propriamente dito, ou seja, com essa modalidade de mediação, o acordo passou a ser uma possibilidade, e não a finalidade. Dessa forma, utilizando-se essa mediação, possibilitou-se auxiliar as pessoas a reconhecer, em si mesmas e na outra parte conflitante, as necessidades, as possibilidades e a capacidade de escolha e de decisão. Acreditava-se que tal propósito promoveria a transformação na relação e viabilizaria, como consequência natural, o acordo, ator coadjuvante no processo[106].

Portanto, pode-se dizer que a mediação é um instrumento polivalente em virtude da sua característica transdisciplinar, uma vez que transpõe o Direito, a Psicologia, a Sociologia, a Antropologia, a Filosofia e outras Ciências/disciplinas, sendo por isso capaz de adequar-se a variados contextos cujo seu emprego seja necessário.

Em conclusão, afirma a Dra. Tânia Almeida que as Teorias da Negociação e da Comunicação, a Visão Sistêmica, a Visão Construtivista/Construcionista Social, o Processo Reflexivo, a Teoria das Narrativas e a Teoria das Redes Sociais compõem, hoje, parte do instrumental teórico dos distintos Modelos em Mediação, para serem combinados de acordo com o tema a ser mediado, o contexto da Mediação e o estilo do Mediador.

No Brasil, a partir da década de 1990, surgiram algumas entidades voltadas para a prática e sistematização da teoria da mediação, como o Conima — Conselho Nacional das Instituições de Mediação e Arbitragem —, fundado em 1997 por representantes de várias instituições sediadas em diversos estados brasileiros. Dessa iniciativa resultou a elaboração de dois documentos fundamentais à Arbitragem e à Mediação no Brasil — os Regulamentos-Modelo, harmonizadores da prática daqueles institutos, bem como os respectivos "Códigos de Ética", os quais são de observância obrigatória pelos Árbitros e Mediadores das Instituições associadas ao Conima.

Também foi nessa época que a mediação passou a ser estudada em algumas instituições de ensino superior aqui no Brasil.

6.1. MEDIAÇÃO: ABORDAGEM CONCEITUAL, CARACTERÍSTICAS E PRINCIPAIS ASPECTOS

Conforme a Dra. Zulema Wilde, juíza da Corte de Apelação Cível da Argentina e mediadora, **a mediação nada mais é do que uma negociação**

---

(106) Disponível em: <http://www.mediare.com.br/08artigos.htm> Acesso em: 8.5.2007.

assistida. Inclusive, esta é uma explicação utilizada pela maioria dos que escrevem sobre o instituto, pois, apesar de concisa, resume muito bem a mediação.

Podemos definir mediação como sendo um dos meios alternativos autocompositivos de solução voluntária e extrajudicial de controvérsias, em que um mediador, terceiro neutro e imparcial, dá assistência às partes em conflito com o objetivo de auxiliá-las na busca de uma solução pacífica para a controvérsia instalada.

Diferentemente do que ocorre na conciliação, na mediação, a controvérsia a ser solucionada não é fruto de uma eventualidade, de uma situação ocasional entre as partes. Normalmente são situações oriundas de uma longa relação, de meses, anos ou até mesmo décadas de convivência entre as partes, o que, impreterivelmente, exige do terceiro que irá ajudar a resolver o conflito um mais aprofundado conhecimento acerca dessa já consolidada relação.

E é exatamente em virtude dessa peculiaridade que a mediação, via de regra, desenvolve-se ao longo das seguintes etapas: 1 — a pré-mediação; 2 — a investigação; 3 — a agenda; 4 — a criação de opções; 5 — a escolha das opções; 6 — a avaliação das opções; e 7 — o acordo propriamente dito e sua assinatura.

A mediação é um instituto de grande importância hodiernamente, pois, é de se reconhecer, inúmeras vezes um conflito não se resolve satisfatoriamente por meios extrajudiciais simplesmente porque as partes não sabem dialogar!

Eis as principais características do instituto da mediação:

- voluntariedade — a mediação tem como principal fundamento o princípio da autonomia da vontade, ou seja, ambas as partes decidem livre e espontaneamente, se querem ou não resolver suas controvérsias através de uma mediação que resulte num acordo; não há nenhuma lei que obrigue uma parte a aceitar uma mediação proposta pela outra parte;

- confidencialidade — via de regra, todos que participarem de uma sessão de mediação devem manter sigilo sobre o que foi discutido e decidido, inclusive e sobretudo o mediador. Ele não pode revelar fatos ocorridos na ocasião, e, por isso, está impedido de ser citado como testemunha, caso o conflito não se resolva pela mediação e seja ajuizada uma ação. Nem poderá revelar fatos secretos de uma parte, se houve sessão reservada, particular, a menos que as partes o autorize prévia e expressamente.

Em virtude dessa característica da confidencialidade, as instituições que promovem a mediação sempre regulamentam, em seus Códigos de Ética, o dever de sigilo do mediador. E nos Estados Unidos, em alguns estados, os mediadores são proibidos de serem testemunhas em processos judiciais.

No nosso ordenamento jurídico, o dever de sigilo profissional é resguardado quanto à obrigatoriedade de prestar testemunho, uma vez que o art. 229, inc. I do NCC, o art. 207 do Código de Processo Penal e o art. 406 do Código de Processo Civil excluem desse dever as pessoas que, por suas atividades, são obrigadas a guardar sigilo.

E, segundo a doutrina, consideram-se como pessoas que devam guardar segredo profissional aquelas: a) previstas em lei; b) previstas em regulamentos que disciplinam o exercício da atividade; c) previstas em normas consuetudinárias; e d) as indicadas pela própria natureza da atividade.

Ainda em relação a essa característica da mediação, é oportuno frisar que Christopher W. Moore (1998) informa que alguns mediadores pedem às partes que assinem uma declaração de confidencialidade ou um formulário de consentimento, destinado a proteger o mediador de uma futura intimação, desistindo de exigir tanto a sua presença como testemunha quanto a apresentação de suas notas como evidências em um processo judicial.

> • pacificidade — ao contrário do processo judicial, que normalmente costuma acirrar os ânimos entre os litigantes, e a prova é tanta que, não raras vezes, as partes iniciam um processo sem serem adversárias e, ao final, tornam-se até inimigas, o processo de mediação preza pela paz e harmonia entre as partes, objetivando a solução da controvérsia através de um acordo amigável e a preservação da relação entre as partes para o futuro;

E, relativamente a essa questão, afirma acertadamente Juan Carlos Vezzulla:

> Quando um conflito é levado à justiça, todas as necessárias fórmulas legais incrementam tanto o conflito inicial, que pouco ou nada dele fica como era originalmente [...] normalmente o cliente é sustentado na sua posição e seu ódio pelo adversário é incrementado. Recebe instruções sobre o que dizer e como dizer, tornando mais rígido e inescrutável seu verdadeiro interesse original. (VEZZULLA, 1999, p. 33-36)

> • economia e celeridade — a mediação é mais econômica para as partes tanto financeira quanto temporalmente, pois não é necessário se dispensar tanto tempo para solucionar um conflito como ocorre no processo judicial.

Em relação à figura do mediador, pode-se asseverar que, na verdade, ele é um harmonizador de conflitos. Não deve interferir no acordo entre as partes, fazendo propostas ou dando sugestões. Sua função é apenas abrir um canal de comunicação entre as partes procurando convencê-las a dialogarem entre si e discutirem harmonicamente o problema para daí chegarem a uma solução pacífica, consensual, sem necessidade de adversidades nem desafetos, isto é, resolverem a controvérsia preservando a paz e a harmonia da relação.

Quanto ao mediador, podemos relacionar as principais características exigidas:

> • capacidade civil e técnica — o mediador pode ser qualquer pessoa civilmente capaz que conheça os trâmites de uma mediação e tenha uma preparação multidisciplinar com noções das técnicas a serem utilizadas numa mediação. No Brasil, por enquanto inexiste regulamentação dessa atividade, e, mesmo no Projeto de Lei n. 94/2002 em apreciação no Congresso Nacional, que desde 8.1.2007 encontra-se aguardando decisão da Câmara dos Deputados, também não há restrições em relação a isso. Diferentemente do que ocorre em outros países, a exemplo da Argentina, onde a mediação judicial só pode ser exercida por advogados;

> • imparcialidade — o mediador deve agir sempre com imparcialidade, sem emitir juízo de valor sobre a controvérsia, propostas, sugestões etc. Com um único objetivo: dar assistência às partes, aplicando uma técnica eficaz que ensine as partes a dialogarem e daí chegarem a um consenso sobre a questão tratada. Tudo funciona como diz Juan Carlos Vezzulla: "[...] assim como a responsabilidade dos clientes é discutir o problema, a do mediador é orientar como discuti-lo" (VEZZULLA, 1999, p. 30).

Portanto, no desempenho da função de mediador, o mais importante não é o resultado, ou seja, como foi feito o acordo, mas a satisfação das partes em fazê-lo, ou pelo menos tentarem fazê-lo pacificamente. Por isso, o seu objetivo precípuo, como já foi dito, é saber empregar e utilizar uma técnica de maiêutica[107] adequada e eficiente, que seja efetivamente capaz de levar os conflitantes a administrarem seus problemas através de uma discussão pacífica, amigável a fim de alcançarem uma melhor solução para o conflito, sem adversidades, desentendimentos nem desgaste futuro para a relação.

---

(107) Criada por Sócrates no século IV a.C., a **maiêutica** é o momento do "parto" intelectual da procura da verdade no interior do Homem. A autorreflexão, expressa no "conhece-te a ti mesmo", põe o Homem na procura das verdades universais que são o caminho para a prática do bem e da virtude. Sócrates aplicou-a para questionar os supostos "detentores do conhecimento", que na verdade eram os nobres, que diziam-se mais sábios que o resto da população, e logo que podiam controlá-los, pois eram superiores. Sócrates, em praça pública, questionava os nobres e suas atitudes, e estes nada sabiam responder. Mostrou para todos que os nobres apenas tinham mais dinheiro, mas, em relação ao resto, eram iguais ao povo.

Essa inclusive é a opinião de Stephen Marsh[108] quando afirma que "os melhores mediadores não possuem índices significantemente maiores de acordos obtidos, mas eles possuem participantes de mediação significantemente mais felizes".

Por fim, vale lembrar que a mediação também pode ser utilizada em matéria penal, restringindo-se, é claro, aos casos que envolvam crimes sujeitos à ação penal privada ou à ação penal pública condicionada, em que resultará na renúncia da queixa-crime ou da representação.

6.2. MEDIAÇÃO: BREVES COMENTÁRIOS AO PROJETO DE LEI N. 94/2002

O PLC n. 94/2002, que trata da mediação paraprocessual, atualmente ainda se encontra aguardando decisão final da Câmara dos Deputados.

O Projeto original (n. 4.827/1998) foi de iniciativa da deputada Zulaiê Cobra (PSDB-SP), depois ganhou nova versão consensuada com a incorporação do Anteprojeto de Lei proposto pelo Instituto Brasileiro de Direito Processual — IBDP, juntamente com a Escola Nacional da Magistratura apresentado ao Ministro da Justiça no mesmo ano. Essa integração resultou num Projeto final bem mais completo e satisfatório por recolher as ideias fundamentais do Projeto original e do Anteprojeto. O qual, por fim, ainda foi complementado pelo substitutivo do senador Pedro Simon (PMDB-RS), EMS 4.827/98 com 47 artigos organizados em 6 capítulos.

Apesar das referidas alterações sofridas em seu texto primitivo, vale dizer, esse novo Projeto de Lei mais aperfeiçoado ainda disciplina a mediação prévia de maneira muito tímida. Por isso, nesse ponto, não foram totalmente satisfatórios, a nosso ver, os citados acréscimos e complementações, uma vez que não a tornou pressuposto obrigatório a ser cumprido pelo jurisdicionado antes de recorrer ao Judiciário, o que com certeza evitaria o ajuizamento precipitado de demandas.

Atualmente, em quase todos os países da América do Sul e em inúmeros outros países que adotam a mediação prévia, a disciplinam como uma fase prévia compulsória à fase judicial, a exemplo da Argentina, onde o art. 1º da Lei n. 25.573/1995, assim dispõe:

> Institui-se em caráter obrigatório a mediação prévia a todos os juízos, mediação esta que será regida pelas disposições da presente lei. Este procedimento promoverá a comunicação direta entre as partes para a solução extrajudicial da

---

(108) MARSH, Stephen R. *The Effective Truths Behind Mediation.*

controvérsia. As partes ficarão isentas do cumprimento deste trâmite se provarem que, antes do início da causa, existiu mediação perante os mediadores registrados pelo Ministério da Justiça.[109]

No Peru, o jornal *El Comercio*, de Lima, em sua edição de 27 de dezembro de 2005, divulgou ótimos resultados de um estudo realizado após cinco anos de vigência da prévia mediação obrigatória naquele país, o qual constatou a diminuição de 30% das demandas judiciais, em decorrência de prévio acordo firmado pelas partes[110].

No Brasil, nesse sentido, temos o Decreto n. 1.572/1995 que regulamentou a mediação na negociação coletiva de natureza trabalhista, bem como a Lei n. 9.958/2000, que alterou o art. 625 da CLT — Consolidação das Leis do Trabalho, estabelecendo que qualquer demanda de natureza trabalhista será submetida à Comissão de Conciliação Prévia se, na localidade da prestação de serviços, houver sido instituída a comissão no âmbito da empresa ou do sindicato da categoria. Todavia, vale registrar que foram ajuizadas duas Ações Diretas de Inconstitucionalidade (ns. 2.139 e 2.160) contra esse dispositivo, e o STF decidiu que a norma expressa no art. 625-D da CLT requer interpretação compatível com os princípios da inafastabilidade da jurisdição e do devido processo legal, consagrados no art. 5º, XXXV e LIV, da Carta Magna. Em razão disso, a tentativa de composição das partes perante a Comissão de Conciliação Prévia não comporta o caráter imperativo que se lhe quer emprestar.

E vale ressaltar que não é preciso muito esforço para provar o quanto seria necessária essa alteração de tornar a mediação prévia no Brasil pelo menos como uma fase pré-processual obrigatória, sem, contudo, contrariar os respectivos princípios consagrados na CF/1988, haja vista que os dados referentes à quantidade de processos ajuizados e atualmente estacionados, sem solução, são realmente surpreendentes, pois, tomando-se como base dados de sete anos atrás, dezembro de 2004, já eram mais de 57 milhões de ações que tramitavam nas várias esferas do Poder Judiciário, o que representava um processo para cada três habitantes, e, comparando tais números com o atual balanço, é no mínimo desesperador, um verdadeiro terror jurídico, basta ler atentamente a reportagem cujo título é "Lentidão Judiciária", reproduzida integralmente adiante, que foi publicada em 29.8.2011 na versão digital do Jornal *O Progresso* (Dourados-MS). Ela revela um balanço divulgado pelo Conselho Nacional de Justiça (CNJ) exatamente no dia anterior, e nos dá um breve panorama da gravidade do problema[111]:

---

(109) *Revista SymposiuM*, Ciências, Humanidades e Letras, Unicap — Universidade Católica de Pernambuco, ano 4, n. 1, p. 81, jan./jun. 2000.
(110) *Revista Consultor Jurídico*, 22.8.2006. Disponível em <http://conjur.estadao.com.br/static/text/47594,1> Acesso em: 8.5.2007.
(111) Disponível em: <http://www.progresso.com.br/editorial/lentidao-judiciaria> Acesso em: 4.11.2011.

Balanço divulgado ontem pelo Conselho Nacional de Justiça (CNJ) aponta que o Brasil tinha cerca de 60 milhões de processos tramitando na Justiça Federal em 2010, número corresponde a praticamente 70% do total de 84,3 milhões de processos em tramitação no Judiciário no ano passado e que aguardavam decisão. Os processos estão nos tribunais da Justiça Federal e Estadual, bem como na Justiça do Trabalho e apontam que mais de 50 milhões de brasileiros que esperavam por uma decisão do Poder Judiciário em 2010 ficaram a ver navios.

Dos cerca de 60 milhões de processos que deveriam ter sido julgados no ano passado e que não foram resolvidos, 72% são na Justiça Estadual, que, percentualmente, tem um volume maior que processos na fila de julgamento. Como não poderia ser diferente, a maior parte dos processos não resolvidos está na área de execuções fiscais, com uma taxa de contingenciamento de 91%, ou seja, para cada 100 ações nessa área, apenas 9 foram julgadas no ano passado. É quase nada perto do universo de processos que tramitam nos tribunais de todo o Brasil.

A situação é grave e consolida nas pessoas a sensação que a Justiça é algo cada vez mais inatingível. Apenas a título de comparação, o Supremo Tribunal Federal (STF) iniciou 2011 com exatos 88.701 ações em andamento, de forma que será humanamente impossível julgar todas nos próximos cinco anos. Para zerar o passivo, cada um dos 11 ministros da Suprema Corte deveria ler, digerir, relatar e votar 8.063 processos somente em 2011, numa média de 22 ações por dia, incluindo sábados, domingos e feriados.

A sobrecarga do Poder Judiciário brasileiro é ainda mais absurda quando comparada com o que acontece na Suprema Corte dos Estados Unidos, onde seus 9 ministros julgam cerca de 100 casos por ano, ou 10 ações por mês. Enquanto o CNJ revela o excesso de processos à espera de julgamento, a Associação dos Juízes Federais (Ajufe) alerta que o Poder Judiciário está emperrado por falta de magistrados e que os prazos dos julgamentos realizados pela Justiça Federal poderão ficar comprometidos se não houver incorporação de mais juízes, principalmente na segunda instância, para atender os Tribunais Regionais Federais (TRFs) em todo o Brasil.

Não é de hoje que o Poder Judiciário brasileiro está com déficit em relação à necessidade da sociedade, tanto que do total de 84,3 milhões existentes em 2010, exatos 24,2 milhões foram processos novos, sendo 3,4 milhões de processos novos somente na Justiça Federal. Na Justiça Estadual e na Justiça Trabalhista o volume de ações não para de crescer, de forma que mesmo que os magistrados julguem um número cada vez maior de processos o déficit sempre existirá porque a sociedade estará procurando cada vez mais o Poder Judiciário.

O levantamento feito pela Associação dos Juízes Federais revela que houve um aumento considerável de processos julgados na primeira instância, o que é bom para o cidadão, mas também foi confirmada a estagnação nos julgamentos de segunda instância, o que é péssimo para o contribuinte. Apenas para que o leitor tenha noção maior do caos que se aproxima, cada juiz federal de segunda instância recebe hoje, em média, 1,2 mil novos processos por mês, de forma que teria que julgar 40 ações por dia, trabalhando de domingo a domingo, para atender a demanda.

Para tentar amenizar o problema, o Conselho Nacional de Justiça determinou que os processos que envolvem pessoas atendidas pelo Programa de Proteção a Vítimas e a Testemunhas Ameaçadas (Provita) terão tramitação prioritária na Justiça, uma vez que a demora no julgamento dessas ações acaba expondo as testemunhas a ameaças dos criminosos denunciados e desestimulam a permanência no programa.

A medida é necessária porque desde a criação do programa, cerca de 10 mil pessoas foram atendidas em todo o país e atualmente mais de 1,5 mil pessoas estão sob o Provita, mas a demora em julgar os processos contra os acusados acabam transformando em um verdadeiro caos a vida dessas testemunhas. Esse talvez seja o ponto mais importante do debate: um país que não consegue dar celeridade nem mesmo nas ações que envolvam pessoas do Programa de Proteção a Vítimas e a Testemunhas Ameaçadas, conseguirá agir com rapidez em outros casos?

O novo Projeto de Lei consensuado preocupa-se em implantar a mediação incidental ou paraprocessual[112], sem olvidar de incentivar também a mediação extrajudicial de modo a preservar a atuação das instituições, entidades e pessoas especializadas.

O Projeto consensuado apresenta duas modalidades de mediação: a chamada mediação prévia, sempre voluntária, a qual poderá ser extrajudicial ou judicial; e a mediação incidental, sempre compulsória, a qual deverá ocorrer logo após o ajuizamento da ação, no início do processo de conhecimento. Salvo nas causas arroladas[113] no art. 6º do Projeto, e caso advenha um acordo

---

(112) Para = ao lado de, elemento acessório ou subsidiário; para + processual = ao lado do processo.
(113) Art. 6º A tentativa de mediação incidental é obrigatória no processo de conhecimento, salvo nos seguintes casos:

entre os litigantes, não será necessário prosseguir com a demanda judicialmente, ou seja, obtido o acordo nessa fase, não haverá necessidade de intervenção do Poder Judiciário.

É importante esclarecer que, ao contrário do que se possa imaginar, o estabelecimento da mediação incidental obrigatória não viola o inc. XXXV do art. 5º da nossa Constituição Federal, que trata do princípio da inafastabilidade do Poder Judiciário, uma vez que essa fase, apesar de preceder à demanda, só será obrigatória após a distribuição do feito, ou seja, depois do ajuizamento da ação e da intimação dos litigantes. E ainda porque, após 90 (noventa) dias contados da data do início do procedimento de mediação, a parte interessada, se preferir, poderá requerer a retomada do processo judicial, sem quaisquer constrangimentos. Portanto, nota-se que a mediação incidental, conforme consta no Projeto de Lei, não é um pressuposto para o acesso ao Judiciário, e sim apenas uma fase chamada de paraprocessual.

Em relação à mediação incidental, faz-se mister também registrar que obrigatória é a tentativa de mediação, e não o acordo, tanto é que, não obtido o acordo nessa fase, prosseguir-se-á normalmente com o processo judicial.

Nesse diapasão, é essencial notar que o interesse visado pelo Projeto na verdade é estimular a solução pacífica da controvérsia antes da atuação do Judiciário, uma vez que esse meio alternativo de resolução dos conflitos evita adversidade, desarmonia e desgaste da relação entre as partes.

Em relação à figura do mediador, o Projeto visa aperfeiçoar sua atuação, prevendo a necessidade de uma preparação prévia do indivíduo para desempenhar essa função.

Nesse mister, torna-se imprescindível a contribuição dos Tribunais de Justiça, da Ordem dos Advogados do Brasil e das instituições e entidades especializadas em mediação, pois esses profissionais, chamados mediadores, deverão passar por uma capacitação e seleção para considerarem-se aptos a prestar esse importante serviço à sociedade.

De acordo com o Projeto, os mediadores deverão ser advogados, com experiência mínima de 3 (três) anos, e deverão submeter-se a curso prepa-

---

I – na ação de interdição;
II – quando for autora ou ré pessoa de direito público e a controvérsia versar sobre direitos indisponíveis;
III – na falência, na concordata e na insolvência civil;
IV – no inventário e no arrolamento, quando houver incapazes;
V – nas ações de imissão de posse, reivindicatória de bem imóvel e de usucapião de bem imóvel;
VI – na ação de retificação de registro público;
VII – quando o autor optar pelo procedimento do juizado especial ou pela arbitragem;
VIII – na ação cautelar; e
IX – quando a mediação prévia, realizada na forma da Seção anterior, tiver ocorrido, sem resultado, nos 180 (cento e oitenta) dias anteriores ao ajuizamento da ação.

ratório de capacitação e seleção, mas nada obsta que as partes escolham como mediador um profissional de outra área.

Concluído o curso preparatório, sendo aprovado, o advogado sujeitar-se-á a regras procedimentais adequadas para auxiliar as partes na busca de uma solução pacífica, consensual para a controvérsia, e terá suas atividades controladas pelo Tribunal, pelo juiz e também pelos órgãos oficiais da profissão.

O Projeto também prevê a co-mediação em seus arts. 11 a 14, a qual será obrigatória em relação a litígios concernentes ao Direito de Família, haja vista que, nestes casos, não raras vezes, faz-se necessária além do mediador, a atuação de profissionais de outras áreas, como: um psiquiatra, um psicólogo ou um assistente social.

Muitas críticas a esse Projeto certamente irão surgir em relação à exigência de o mediador ser um advogado, mas vale lembrar que essa exigência tem uma justificável razão de ser, pois não se pode esquecer que, atualmente, na mediação extrajudicial apenas se exige que o mediador tenha capacidade civil e no mínimo uma formação multidisciplinar, mas normalmente são profissionais de diversas áreas, não têm necessariamente uma formação jurídica.

Todavia, vale ressaltar que no caso da mediação disciplinada nesse Projeto de Lei, trata-se de uma mediação direcionada ao processo civil, desenvolvida dentro dele, por isso denominada mediação incidental ou paraprocessual, portanto, nada mais justo que o profissional responsável em conduzi-la seja um profissional do Direito especialmente capacitado e selecionado para desempenhar a função de mediador, uma vez que será imprescindível que a mediação obedeça a formalidades jurídicas indispensáveis, tendo em vista que a transação constituirá, sempre, título executivo extrajudicial e poderá, a pedido das partes e uma vez homologada pelo juiz, ter eficácia de título executivo judicial.

Mas, mesmo assim, vale frisar: o Projeto não veda a escolha, pelas partes, de um mediador que não seja advogado, e permite também a co-mediação, admitindo que um profissional de outra área atue na mediação juntamente com o mediador advogado.

Em virtude dessa interligação da mediação incidental ou paraprocessual com o Poder Judiciário, os Tribunais de Justiça de cada estado da Federação manterão: a) Registro dos mediadores, por categoria profissional; e b) Cadastro das instituições e entidades especializadas em mediação e de mediadores independentes.

Conforme o Projeto, este Cadastro não será obrigatório para todos os fins, só para fins do inc. X do art. 6º (dispensa da tentativa obrigatória de mediação incidental, se a prévia tiver ocorrido, sem resultado, no prazo de 180 dias anteriores ao processo) e do § 4º art. 11 (escolha de mediador na mediação incidental), ambos do Projeto consensuado.

Dispõe ainda o Projeto que a OAB ou outro órgão profissional oficial, conforme o caso, exercerá o controle das atividades do mediador, e, na mediação incidental, também fará o controle da atividade o próprio magistrado.

Sendo verificada a atuação inadequada de qualquer mediador, poderá o juiz estatal afastá-lo de sua atividade, mandando averiguar a conduta indesejável em regular processo administrativo, conforme o art. 18. Também estão previstos no Projeto, art. 19, os casos de exclusão do Registro ou Cadastro de Mediadores.

Em relação à remuneração da atividade de mediador, dispõe o Projeto que deverá seguir os critérios fixados por norma local, podendo esta adotar técnicas que abatam os honorários do mediador das taxas judiciárias ou que, nos casos de mediação obrigatória incidental, sejam as custas recolhidas após a tentativa de mediação resultar inexitosa. Mas é incisivo no caso de concessão do benefício da gratuidade, deixando claro que: dispensar-se-á qualquer pagamento caso o juiz conceda o benefício.

Além de disciplinar a mediação incidental ou paraprocessual, o Projeto também se preocupa em prestigiar a mediação extrajudicial, pois o acordo celebrado nesta modalidade de mediação também terá natureza de título executivo, judicial ou extrajudicial, caso seja ou não levado à homologação judicial, respectivamente.

Por enquanto, pelo Projeto de Lei em análise, a mediação paraprocessual não se estenderá à Justiça federal nem à trabalhista, pois elas têm suas peculiaridades: a federal, por se entender que a remuneração dos serviços do mediador poderia ficar dificultada; e a trabalhista, por ter seus próprios métodos conciliativos, recentemente aprovados, conforme citado acima. Então, o legislador preferiu seguir o exemplo da implantação dos Juizados Especiais, que foram primeiramente implantados em âmbito estadual e depois, diante da avaliação positiva, adotou-se na esfera federal com mais segurança.

Concluídos os breves comentários acerca da primeira parte do Projeto de Lei sobre Mediação, até o seu art. 23, passemos à análise da sua segunda parte que inicia tratando da "audiência preliminar", art. 24.

O art. 24 do Projeto tem como objetivo recuperar e aperfeiçoar a ideia original da Reforma Processual de 1994, representada pela Lei n. 8.952/1994, ou seja, ele pretende, com a nova redação que dá ao art. 331 parágrafos do CPC, fazer que o magistrado assuma efetivamente a direção do processo, mantendo um contato direto com os litigantes objetivando buscar precipuamente a conciliação entre as partes. Pois o que se almeja é ampliar os poderes do juiz permitindo-lhe a iniciativa para impulsionar outras formas de solução do conflito, com preferência à pacificação das partes pelos meios consensuais, e não tão somente direcionada a uma sentença.

Nesse diapasão, o Projeto de Lei faz uma verdadeira reforma no procedimento da audiência preliminar, abrindo ao juiz um leque de opções, que configuram as "multiportas", mecanismo discretamente assemelhado ao norte-americano *Multi-door Courthouse* (tribunal multiportas), que são as técnicas de solução pacífica do conflito. E, para incentivar o juiz a priorizar essas novas opções, o Projeto prevê em seu art. 24, § 5º, que essa atuação será reputada de relevante valor social e considerada para efeito de promoção por merecimento.

Então, sendo assim, pelo Projeto, é colocada à disposição do magistrado, como integrantes da própria técnica da Justiça e inseridas num amplo quadro de política judiciária, a possibilidade de, na audiência preliminar, sugerir aos litigantes que sigam o caminho da arbitragem, da mediação ou ainda da avaliação neutra de terceiro[114].

Outra novidade interessante e muito útil, conforme o art. 25 do Projeto, é que o juiz ou tribunal poderão adotar as providências previstas para a audiência preliminar, no que couber, em qualquer tempo e grau de jurisdição.

Vale resaltar, por oportuno, que atualmente, até setembro de 2010, tínhamos em tramitação 34 projetos legislativos de iniciativa da Câmara dos Deputados, tratando sobre equivalentes jurisdicionais, ou seja, meios pacíficos de solução de controvérsias, sendo 11 direcionados à mediação, e 23 relacionados à arbitragem[115].

Dentre estes 34 projetos anteriormente mencionados, destacam-se as seguintes proposições: n. 505/2907, objetiva instituir a Mediação Familiar como recomendação na regulação dos efeitos da separação e do divórcio; n. 1.690/2007 que objetiva instituir o Juizado Especial de Família alterando a Lei n. 9.099/1995, e, atualmente encontra-se em apenso ao Projeto de Lei n. 1.415/2003. Nesta proposição sugere-se que a conciliação seja precedida por uma mediação; n. 2.285/2007 — visa implantar o Estatuto da Família disciplinando o instituto da mediação extrajudicialmente, assemelhando-se ao sistema adotado no Canadá; n. 4.891/2005, que trata do exercício da profissão, esclarecendo questões

---

(114) A avaliação neutra de terceiro consiste no acordo entre as partes para a escolha de um operador do direito com experiência no tema específico. Sendo assim, as partes poderão compreender melhor suas respectivas posições e o provável resultado do processo, se insistirem no litígio. Portanto, a avaliação neutra tem como principal objetivo orientar as partes na tentativa de uma solução amigável do conflito, mas não as vincula, devendo ser concluída em prazo determinado pelo juiz. E, por fim, vale salientar que a avaliação neutra é sigilosa inclusive com relação ao magistrado.

(115) GARDENAL, Juliana Cristia. *Panorama legislativo atual da mediação de conflitos e da arbitragem no Brasil*. Porto Alegre: Magister, 8.2.2011. Disponível em: <http://www.editoramagister.com/doutrina_ler.php?id=928> Acesso em: 21.11.2011.

referentes a vedação de carteiras de juiz arbitral com utilização de símbolos oficiais do Poder Judiciário, pois atualmente, em virtude da desinformação popular, muitas entidades se utilizam desses meios para intimidar cidadãos e aplicar golpes diversos; n. 7.006/2006, que trata da inserção de procedimentos direcionados à Justiça Restaurativa no âmbito penal.

E, por fim, temos ainda o Projeto do Novo Código de Processo Civil PLS (Projeto de Lei do Senado), originalmente de n. 166/2010 (atual PL n. 8.046/2010), que visa alterar o atual Código de Processo Civil, Lei n. 5.869/1973, o qual, na redação original do Anteprojeto, traz vários dispositivos que fomentam o uso dos equivalentes jurisdicionais como meios alternativos de se solucionar pacificamente controvérsias, e inclusive insere o instituto da mediação e a figura do mediador judicial através dos arts. 107, inciso IV; 118, inciso V; 119, e dos arts. 134 a 144.

É importante saber, todavia, que, além destes projetos ainda em curso no legislativo, já existem outras leis em nosso ordenamento incentivando e prevendo a utilização de meios extrajudiciais não contenciosos para resolver conflitos, a exemplo das seguintes: Lei n. 9.472/1997 que dispõe sobre a organização dos serviços de telecomunicações, criação do órgão regulador, dentre outras providências, prevê a solução extrajudicial de conflitos; Lei n. 10.101/2000, que dispõe sobre a participação dos trabalhadores nos lucros e resultados da empresa, também prevê mecanismos de mediação e arbitragem.

E também merece registro o fato de que o II Pacto Republicano de Estado por um Sistema de Justiça mais acessível, ágil e efetivo, cujos signatários são os três poderes constituídos, firmado em 13.4.2009 e publicado no DOU em 25.5.2009, além de ter estabelecido diretrizes importantíssimas em prol da modernização da prestação jurisdicional e da humanização da Justiça, considerou como um dos compromissos prioritários para se alcançar o acesso universal à Justiça, o fortalecimento da mediação e da conciliação, como estímulo à resolução de conflitos por meios autocompositivos, voltados à maior pacificação social e menor judicialização[116].

E, dentre outras Resoluções do Conselho Nacional de Justiça (CNJ) igualmente de suma importância, destaca-se a Resolução n. 125, de 29.11.2010, que define uma política nacional de tratamento adequado dos conflitos intersubjetivos de interesse no âmbito do Poder Judiciário objetivando melhorar a qualidade dos serviços disponibilizados aos jurisdicionados, bem como a capacitação dos seus serventuários. Representa a reafirmação, o fortalecimento e a ampliação destes propósitos perseguidos pelo Governo Brasileiro no mesmo sentido. Inclusive, para viabilizar a concretização e garantir o sucesso desta política, já foi até adotado um Código de Ética de Conciliadores e Mediadores.

---

(116) Disponível em: <http://www.stf.jus.br> Acesso em: 5.11.2011.

Por fim, ainda quanto à valorização e ao fomento da mediação judicial em nosso ordenamento, conforme já foi anteriormente citado, em 2009 foi publicado o Manual de Mediação Judicial, trazendo proveitoso conteúdo sobre o instituto da mediação, o qual, de acordo com informações contidas em suas páginas iniciais:

> Foi resultado do esforço iniciado em 2001 no Grupo de Pesquisa e Trabalho em Resolução Apropriada de Disputas (então denominado de Grupo de Pesquisa e Trabalho em Arbitragem, Mediação e Negociação) da Faculdade de Direito da Universidade de Brasília (FD/UnB), com a colaboração de magistrados, procuradores estaduais, procuradores federais e advogados ligados, direta ou indiretamente, àquele grupo de pesquisa em mediação. A partir do primeiro curso de formação de mediadores organizado na FD/UnB, em agosto de 2000, concebeu-se a ideia de elaborar um guia ou manual que reunisse, de forma condensada e simplificada, a teoria autocompositiva relativa à mediação para uso por mediadores judiciais, nos diversos projetos-piloto existentes no Brasil, e por conciliadores no que for pertinente, nos termos do art. 277, § 1º, do Código de Processo Civil, e do art. 2º da Lei n. 9.099/1995. Revela ainda que: é uma obra simples mas transparente no seu intuito de aperfeiçoar a prática autocompositiva. É importante salientar que este manual apresenta apenas um, dentre vários modelos de mediação. Adotou-se o procedimento da mediação cível ciente de que em mediações penais ou de família recomendam-se procedimentos específicos[117].

6.3. UM BREVE PANORAMA DA MEDIAÇÃO NO BRASIL E NO MUNDO

No Brasil, as estatísticas não mentem, o número de conflitos resolvidos pela via do acordo e com o auxílio de mediador tem crescido tanto nos órgãos públicos vinculados à Justiça quanto nas Câmaras particulares, e já começa a ser disseminada pelo Brasil. Entre 2005 e 2006, na Câmara de Mediação da Secretaria de Justiça do Estado de São Paulo, os procedimentos resolvidos por mediação literalmente dobrou, de 849 procedimentos em 2005, para 1.891[118].

Segundo a diretora de mediação do Conselho Nacional das Instituições de Mediação e Arbitragem[119] (Conima), Lia Justiniano, apesar de a procura

---

(117) AZEVEDO, André Gomma (org.). *Manual de mediação judicial*. Brasília: Ministério da Justiça e Programa das Nações Unidas para o Desenvolvimento — PNUD, 2009.
(118) Fonte: *Diário Comércio, Indústria & Serviços* — DCI, 16.3.2007.
(119) O Conima foi fundado em 24 de novembro de 1997 — data do primeiro aniversário de vigência da Lei n. 9.307/1996, a Lei de Arbitragem, durante seminário realizado no Superior Tribunal de Justiça. Na

pela mediação ainda ser pequena, a tendência é que o seu uso cresça com o tempo. "É só uma questão de mudança de mentalidade. A população passará a perceber que em muitos casos a solução pela mediação pode ser muito mais simples do que entrar na Justiça, em que a solução será lenta e demandará mais gastos"[120].

Ainda de acordo com Lia Justiniano, nos casos de um processo de mediação em Câmaras particulares, gastam-se cerca de R$ 150,00 a R$ 300,00 por hora paga ao mediador, além dos técnicos especializados, se for o caso. A taxa de utilização da Câmara normalmente tem um valor mínimo de R$ 300,00 a R$ 500,00, mais um acréscimo de acordo com o valor conflito. Para ela, a tendência é a mediação tornar-se mais usada que a arbitragem. "A arbitragem tem um custo muito alto e só pode tratar de direito patrimonial disponível. A mediação pode ser usada para solucionar conflitos de qualquer espécie e pode ser preventiva", explica. Na arbitragem, o juiz dá a decisão e as partes têm de cumpri-la. Na mediação, o mediador só auxilia na negociação entre as partes.

Em relação aos valores acima referenciados, vale dizer que, apesar da respectiva informação ter sido veiculada pela imprensa em 2007, foram aqui mantidos porque ainda não sofreram acréscimos substanciais, e, atualmente, igualam-se aos da Tabela da CBMAE, que estabelece valores de custas proporcionais ao valor da controvérsia, e põe-se como parâmetro usual, então, por exemplo, no caso de processo cujo valor seja entre R$ 1.000,00 e R$ 2.000,00, as custas serão fixadas em média num total de R$ 150,00, conforme informações recentes da Federasul— Federação das Associações Comerciais e de Serviços do Rio Grande do Sul, que também está engajada no mesmo propósito de incentivar e facilitar o acesso aos meios pacíficos de solução de conflitos[121].

A expansão da mediação no Brasil se revela atualmente em todos os Estados brasileiros, pois em todos eles há instituições direcionadas para a resolução de conflitos através dos meios alternativos, a exemplo do Inama/BR (Instituto Nacional de Mediação e Arbitragem), Cerema (Centro de Referência em Mediação e Arbitragem), Cemape (Centro de Mediação e Arbitragem de Pernambuco), dentre muitas outras instituições espalhadas por todo o território nacional.

---

ata de fundação constam as assinaturas das vinte mais representativas entidades voltadas à mediação e arbitragem no país. É uma entidade que tem como objetivo principal congregar e representar as entidades de mediação e arbitragem, visando à excelência de sua atuação, assim como o desenvolvimento e a credibilidade dos MESCs (Métodos Extrajudiciais de Solução de Controvérsias), sempre observando as normas técnicas e, sobretudo, a ética. Entre outras atribuições, cabe também ao Conima estimular a criação de novas instituições de mediação e arbitragem, orientando-as nas mais diversas áreas, sempre observando a qualidade, indispensável ao desempenho de suas atividades.
(120) *Idem*, disponível em <http://www.taab.com.br/noticia2.asp?cod=63> Acesso em: 8.5.2007.
(121) Disponível em: <http://jcrs.uol.com.br/site/noticia.php?codn=68120> Acesso em: 31.10.2011.

Inclusive, para tratar destes conflitos em áreas específicas, como comercial e empresarial, destaca-se a Confederação das Associações Comerciais e Empresarias do Brasil (CACB) que tem empreendido valorosos esforços neste sentido, a qual, em convênio firmado com o BID (Banco Interamericano de Desenvolvimento) e com o Sebrae Nacional, liderou o processo de expansão das Câmaras de Mediação e Arbitragem então existentes e fomentou a criação das novas Câmaras, através da implementação de um Sistema modelo, organizado de modo a funcionar em todo o território nacional, através da CBMAE — Câmara Brasileira de Mediação e Arbitragem Empresarial, e de CAMs — Câmaras de Arbitragem e Mediação, afiliadas ao seu Sistema de Solução de Controvérsias. A CBMAE é formada por uma rede de Câmaras espalhadas por todo o país. Ligada à CACB, a organização garante abrangência nacional com atuação local, em qualquer cidade brasileira, por meio das associações comerciais.

Portanto, daí percebe-se claramente que, atualmente no Brasil, o apoio e a aderência do empresariado nacional às "modernas" formas pacíficas de resolução de conflitos é de quase 100%. Só é preciso agora, como já se vem alertando, atualizar a cultura do povo brasileiro neste sentido, bem como divulgar mais essas opções "jurisdicionais", além de esclarecer sobre suas vantagens em relação aos meios jurisdicionais convencionais.

E vale lembrar que essa tendência positiva do empresariado brasileiro acerca da utilização dos equivalentes jurisdicionais já era prevista, pois já vem se desenhando, há alguns anos, sobretudo após alguns incentivos que vêm sendo dados neste sentido pelo próprio Poder Judiciário, desde 2007, a exemplo do acordo já firmado entre a Federação das Indústrias do Estado de São Paulo (Fiesp) e o Conselho Nacional de Justiça (CNJ) com total apoio e incentivo do STF, visando baratear o procedimento e fomentar seu uso pelas empresas. Vejamos o teor destes incentivos através de reportagens veiculadas pela imprensa na época:

MEDIAÇÃO CUSTARÁ TRÊS VEZES MENOS PARA MÉDIAS EMPRESAS[122]

Por Adriana Aguiar

A Federação das Indústrias do Estado de São Paulo (Fiesp) e o Conselho Nacional de Justiça (CNJ) firmaram um acordo ontem para estimular as empresas a utilizarem mais a mediação como forma de solução de conflitos. A principal vantagem é que as pequenas e médias pagarão um terço dos custos de um processo normal de mediação.

---

(122) Fonte: *Diário Comércio, Indústria & Serviços* — DCI, 20.3.2007.

Trata-se do primeiro acordo entre a Justiça e uma entidade empresarial para o uso da mediação. Para isso, a Fiesp criou a Câmara de Mediação e Conciliação (Camfiesp). Recentemente instalada, a Câmara da Fiesp deverá usar a estrutura da Câmara de Mediação de Arbitragem do Centro das Indústrias do Estado de São Paulo (Ciesp). [Grifo nosso.]

Qualquer pessoa jurídica ou física pode usar da mediação na Câmara. A taxa de registro para que se faça um processo de mediação pode variar de R$ 300 (quando o valor da pendência for de até R$ 10 mil) a R$ 2 mil (acima de 500 mil). Nos casos em que são partes micro ou pequenas empresas, a taxa de administração poderá ser reduzida a um terço. Os mediadores e conciliadores da Câmara têm os honorários fixados em R$ 300 por hora trabalhada. No caso de micro e pequenas, a remuneração será reduzida a R$ 100 a hora trabalhada.

Em nível internacional, a mediação é amplamente utilizada em diversas áreas do direito, inclusive para resolver questões oriundas do comércio eletrônico pela Internet, chamado *e-commerce*. E, como atualmente tudo neste mundo, de alguma forma, sofre influências da rede mundial de computadores (Internet), com os equivalentes jurisdicionais não poderia ser diferente. Portanto o sistema de *ADRs* já está bastante informatizado, pois, atualmente é perfeitamente possível se resolver controvérsias *on-line*, é a chamada *e-resolution* ou *Online Dispute Resolution* (ODR). Inclusive alguns países já têm legislações disciplinando este novo instituto jurídico, um eficiente aparato cibernético, sobretudo no caso de conflitos surgidos em relações oriundas no *e-commerce*, a exemplo da Alemanha, da Itália, de Singapura, dentre outros. Na Europa, por exemplo, a *ADR* recebeu muita atenção dos Estados-Membros que compõem a Comissão da Comunidade Europeia, realizada em Bruxelas no dia 19.4.2002, e por isso estabeleceu a *ADR* como uma prioridade política, a qual foi especificamente direcionada ao contexto da sociedade da informação, sobretudo nos litígios de consumo, em que o papel do novo instituto de solução de litígios, o *ODR (Online Dispute Resolution)*, tem sido reconhecido como sendo uma forma de *web-base* de resolução dos conflitos chamados "transfronteiriços"[123] (em razão da distância entre as partes nos casos do *e-commerce*).

Haja vista que o acesso à Justiça é um direito fundamental consagrado no art. 6º da Convenção Europeia para a Proteção dos Direitos do Homem e das Liberdades Fundamentais. Acesso à Justiça é uma obrigação que é atendida pelos Estados-Membros através do fornecimento de processos judiciais

---

(123) Fonte: *Green Book on Alternative Dispute Resolution in Civil and Commercial Law*. Disponível em: <http://eur-lex.europa.eu/LexUriServ/site/en/com/2002/com2002_0196en01.pdf> Acesso em: 1º.11.2011.

rápidos e baratos. Além disso, alguns Estados-Membros (Alemanha, Dinamarca, Finlândia e Inglaterra) se comprometeram em modernizar o seu sistema legal, simplificando os procedimentos de encaminhamento ou prevendo a possibilidade de viabilizar ações legais por meios eletrônicos.

Aproveitando a oportunidade, vale registrar algumas informações sobre a nova modalidade de se concretizar a *ADR*, que é a *ODR* ou *e-resolution*, mencionada anteriormente, cuja expressão foi criada considerando o meio pelo qual o procedimento da *ADR* é realizado, ou seja, quando o procedimento se desenvolve *on-line*: via *e-mail* (de forma assíncrona, visto que não é feita em tempo real), ou por salas de *chat*, *streaming* de vídeo, *logins*, *site* seguro, mensagens instantâneas, fóruns de discussão e videoconferência, sendo estas últimas consideradas formas síncronas, visto que todo o procedimento se desdobra em tempo real.

ODR é um termo amplo que abrange as formas de resolução alternativa de litígios (*ADR*) e processos judiciais que usam Internet como parte do processo de resolução de disputas[124].

O sistema *ODR* é geralmente aplicável em litígios oriundos de atividades realizadas na própria Internet (disputas *on-line* ou *e-disputes*).

Conforme Marcelo Bechara de Souza Hobaika[125], atualmente, destacam-se quatro tipos de sistemas de ODR[126], a saber:

> 1) Sistema automatizado *on-line* de reivindicações financeiras, com a utilização de perícia para a solução. 2) Arbitragem *online*. Existem duas modalidades, quais sejam, a *binding* e a *non-binding*. A arbitragem *non-binding* implica resultados e decisões que não são de pronto exequíveis, como no procedimento UDRP (*Uniform Domain-Name Dispute-Resolution Policy*) do ICANN (*ICANN — The Internet Corporation for Assigned Names and Numbers*)[127]. Sendo assim, os resultados podem ser contestados em juízo. Aparentemente, pode

---

(124) KAUFMANN-KOHLER; SCHULTZ, 2004, p. 7.
(125) Fonte: *Infojus* — Publicação oficial do IBDE — Instituto Brasileiro de Direito Eletrônico. Disponível em: <http://www.marcelobechara.com.br/home/?p=345> Acesso em: 2.11.2011.
(126) Marcelo Bechara de Souza Hobaika é advogado especialista em Direito da Tecnologia, participante do *I-Law Program Berkman Center for Internet & Society* da *Harvard Law School*, consultor jurídico do Ministério das Comunicações do Brasil, membro do Comitê Gestor da Internet no Brasil — CGI.br, autor do livro *Radiodifusão e TV digital no direito brasileiro*. Belo Horizonte: Fórum, 2007. Atualmente é Procurador da Anatel, e foi indicado para o cargo de membro do Conselho Diretor da Anatel, conforme informação publicada no DOU de 13.10.2011.
(127) Conforme Marcelo Bechara, UDRP — *Uniform Domain-Name Dispute-Resolution Policy* —, trata-se de um Procedimento Administrativo Compulsório (*Mandatory Administrative Proceeding*) que, aparentemente, se assemelha à arbitragem, todavia é de caráter obrigatório. Por mais contra sensu que isso possa parecer, em verdade, trata-se de uma "arbitragem forçada" e pode ser praticada pelo ICANN e pelos *providers*, instituições afiliadas para a solução de disputas.

parecer estranho um sistema não obrigatório, de eficácia duvidosa. Entretanto, esta espécie de arbitragem pode se fazer eficaz pela utilização de mecanismos de controle técnico como no registro dos domínios, o depósito prévio do dinheiro em disputa, *escrow accounts* e acordos com empresas de cartão de crédito, seguradoras e financeiras. Já a forma *binding* é plenamente exequível e não pode ser revista em procedimento judicial. 3) Serviços *on-line* de *Ombudsman* para reclamações de consumidores. 4) Mediação *on-line*. Existem duas formas. A automatizada e a assistida. Na primeira as partes submetem a um computador uma proposta de ajuste em valor monetário. O computador compara-os e soluciona o caso pelo cálculo aritmético proporcional das duas propostas. É uma modalidade que sofre diversas críticas. Já a mediação assistida é promovida com o auxílio de um terceiro com conhecimentos técnicos e/ou legais.

No âmbito internacional muitas iniciativas relacionadas à ODR vêm sendo disseminadas e amplamente utilizadas já há alguns anos por muitos países, pois representa uma forma moderna e bem sucedida de harmonizar a tecnologia com a globalização, facilitando demais a solução de problemas antes tidos como muito complexos em virtude da distância entre as partes envolvidas e das diferenciadas legislações adotadas pelos respectivos países para disciplinar as mesmas questões.

E, conforme *Colin Rule*[128], ultimamente, até mesmo organismos públicos estão começando a projetar seus próprios sistemas para oferecer uma reparação nestes litígios. Inclusive a Comissão da ONU sobre o Direito Mercantil Internacional (Uncitral) criou um Grupo de Trabalho permanente para desenvolver regras de um sistema *ODR* global para pequenas causas, apoiada por autoridades nacionais de proteção ao consumidor em todo o mundo. Este é considerado o novo sistema de Justiça do século XXI.

As principais vantagens da *e-resolution* são: a facilitação do acesso (via internet) eliminando audiências presenciais, o que possibilita a resolução do caso em um menor lapso temporal; não há disciplina legal para as ODRs, portanto as instituições estabelecem regras próprias, as quais, entretanto, devem respeitar os direitos fundamentais, bem como observar a legislação

---

(128) A partir de 2003 até 2011 foi o primeiro diretor da *eBay* e do *Paypal* a projetar e implementar o sistema de Resoluções de Conflitos Online, que agora já resolve anualmente mais de 60 milhões de litígios. É autor do Livro: *Online Dispute Resolution for Business*, publicado pela *Jossey-Bass* em 2002. Ele apresentou o sistema e treinou muitas organizações, incluindo o *U. S. Department for Dispute of State* (o Departamento de Estado dos EUA), Uncitral, a *International Chamber of Comerce* (Câmara de Comércio Internacional), o *CPR Institute for Dispute Resolution*, Uncitral, bem como ensinou na *UMass-Amherst, Stanford, Southern Methodist University*, e *Hatings College of the Law*. Disponível em: <http://www.ima-mediation.com/en/novojustice-online-dispute-resolution-and-future-internet>, *Website da International Mediation Alliance*, publicado em 20.10.2011 Acesso em: 2.11.2011.

pátria de proteção ao consumidor, quando os litígios forem oriundos de relação de consumo; a segurança dos dados, a confidencialidade de todo o processo e a privacidade das informações intercambiadas.

Quanto à adoção da *e-resolution*, é importante ressaltar que um dos destaques internacionais é também um dos pioneiros na implementação do sistema *ODR*: Singapura, uma cidade-Estado insular, localizada no extremo sul da *península malaia*, situada 137 km a norte do *Equador*, no norte da *Indonésia*, um microestado, com aproximadamente 170,2 km², o menor país do Sudeste Asiático, onde, em setembro de 2000, seu Judiciário introduziu o primeiro sistema *on-line* de resolução de controvérsias, o qual na época foi considerado um dos melhores, tendo em vista os excelentes efeitos experimentados, a chamada Mediação *on-line*, que funciona para resolver todos os litígios provenientes do *e-commerce*, incluindo questões envolvendo contratos, propriedade intelectual e nomes de domínios. Neste sistema, todo o procedimento é desenvolvido realmente *on-line*, via *e-mail*, e só em casos extraordinários o mediador determina o encontro presencial das partes e/ou a apresentação de documentos impressos. Dentre muitas vantagens, o bom é que as partes não precisam ter qualquer ligação com Singapura para usar o sistema de mediação *on-line*, é só aceitar a sua jurisdição[129].

No Brasil, ao contrário dos Estados Unidos e da Comunidade Europeia, as formas não contenciosas de solução de conflitos ainda estão em processo embrionário de implantação e consolidação, inclusive em relação às disputas *off-line*, as *ADRs convencionais*. Contudo, a expectativa é que as instituições nacionais promovam também num futuro próximo os métodos pacíficos de solução de conflitos por meio eletrônico, principalmente em relação às disputas que tratem do *e-commerce*.

Em relação à mediação *on-line*, vale a pena registrar que, ao finalizar a citada palestra proferida na Conferência Interamericana de Arbitragem Direito na Internet, promovida pelo Instituto Arbiter e Instituto Brasileiro de Política e Direito da Informática, em Recife, 8.12.2005, cujo tema foi "Os Métodos Alternativos de Resolução de Litígios e o Direito da Internet: Perspectivas no Brasil", a Exma. Ministra do STJ, Fátima Nancy Andrighi, encerrou seu discurso sugerindo um rascunho de anteprojeto de lei sobre o procedimento para mediação de controvérsias na Internet, a ser acrescido à Lei de Arbitragem.

Além de iniciativas legislativas, a tendência que se nota hoje no mercado é de inclusão, principalmente nos contratos internacionais, de cláusula de

---

(129) Ministra do STJ, Fátima Nancy Andrighi em palestra na Conferência Interamericana de Arbitragem Direito na Internet, promovida pelo Instituto Arbiter e Instituto Brasileiro de Política e Direito da Informática, em Recife, 8.12.2005, cujo tema foi: *Os Métodos Alternativos de Resolução de Litígios e o Direito da Internet: Perspectivas no Brasil*.

mediação, necessária antes do início de qualquer processo judicial ou de arbitragem, e isso se dá em virtude de os contratantes estarem percebendo que, além das soluções amigáveis dos conflitos atenderem melhor aos seus interesses, é bem mais célere em relação à demora e ineficiência dos processos judiciais.

7. A Humanização da Justiça na Visão do STJ e do STF

O STJ, merecidamente autodenominado "Tribunal da Cidadania", vem fazendo bonito em relação à humanização do Poder Judiciário Brasileiro. Nesse diapasão destacam-se muitos de seus ministros, dentre eles, em nosso sentir, a maior das defensoras da humanização da Justiça e do Judiciário brasileiro, a ilustríssima Fátima Nancy Andrighi, que, com muita sensatez e experiência, vem prestando notável contribuição para a concretização desse "sonho", de humanizar a prestação jurisdicional no Brasil, pois em todas as suas palestras faz questão de enfocar e enfatizar a necessidade de realizarmos esse sonho para conseguirmos vencer a crise do Judiciário e do processo, alcançar a Paz social e vivenciar ao final uma sociedade verdadeiramente mais democratizada, mais humana, mais fraterna e, acima de tudo, mais justa e igualitária. Segundo ela, quando as partes aprendem a entender e respeitar os direitos do outro diminuem os extremismos e propicia-se a pacificação. "Esse é o papel educativo da conciliação, ele consegue fazer com que ao aprendermos a respeitar os limites do outro tenhamos uma vida pautada pela pacificação social."[130]

E a mesma linha realista, moderna e humanizada de raciocínio revela-se também nas assertivas do ministro Sálvio de Figueiredo Teixeira sobre o assunto ora abordado, senão vejamos:

> [...] *"lenta, e com retrocessos, tem sido a evolução do Judiciário"*, não acompanhando a mudança de perfil da sociedade e seu comportamento [Grifo nosso.]
>
> A exemplo das mudanças impostas pelas grandes descobertas do final do século XV, do advento do constitucionalismo resultante das

---

(130) Em palestra proferida no Seminário sobre *Conciliação na Justiça do Trabalho no TRT da 10ª Região*, em Brasília, ocorrido nos dias 12 e 13 de abril de 2007.

transformações políticas do século XVIII e da Revolução Industrial do século XIX, a revolução tecnológica deste século convive com uma sociedade marcadamente de massa, na qual, ao lado da explosão demográfica, do acesso da mulher aos postos de comando e do apelo ao consumo, ascendem cada vez mais os interesses coletivos e difusos no confronto com os interesses meramente individuais.

Reflexo desse quadro, os conflitos sociais ganham nova dimensão, reclamando novos equacionamentos, soluções mais efetivas, um processo mais ágil e eficaz e um Judiciário mais eficiente, dinâmico e participativo na preservação dos valores culturais, na defesa de um patrimônio que é de todos e que transcende os próprios interesses individuais e de grupos para situar-se no plano dos direitos fundamentais do homem.

E conclui: Por outro lado, os direitos fundamentais clássicos cedem lugar, cada vez mais, a esses novos direitos fundamentais, que repudiam a inatividade do Estado e sua omissão, reclamando atuação positiva. São direitos à prestação ou à participação (*Leistungsrechte oder Teilhaberechte*).

Daí a ilação de que o Judiciário, como Poder ou atividade estatal, não pode mais manter-se equidistante dos debates sociais, devendo assumir seu papel de participante do processo evolutivo das nações, também responsável pelo bem comum, notadamente em temas como dignidade humana, redução das desigualdades sociais, erradicação da miséria e da marginalização, defesa do meio ambiente e valorização do trabalho e da livre-iniciativa. Copartícipe, em suma, da construção de uma sociedade mais livre, justa, solidária e fraterna.

Dessarte, como sustenta o desembargador Thiago Ribas Filho, **o desafio representado pela tarefa de suprimir o trágico distanciamento entre a promessa de direitos, posta solenemente nas Constituições e nas leis, e a realidade de sua efetivação prática em um mundo cada vez mais situado em contextos globalizados, não permite mais perda de tempo, exigindo uma visão abrangente — por isso mesmo, multidisciplinar — e permeada pelo humanismo como fonte inesgotável de inspiração a serviço de uma vida melhor e com maiores possibilidades para todos.** [Grifo nosso.]

Desta feita, admitidas de maneira clara as limitações do Poder Judiciário, bem como o despertar da população por seus direitos, é indispensável a mudança de posicionamento daqueles que representam, neste aspecto, o ente estatal.

Há de se ter em mente, a partir de então, "o Direito menos do ponto de vista de quem o produz e, mais precipuamente, pelo ângulo de quem o consome".

No âmbito do STF, em nossa visão, o destaque maior é para a Ministra Ellen Gracie Northfleet, atualmente aposentada, que vem igualmente contribuindo com grandes préstimos em prol da humanização do nosso Judiciário. Não se pode olvidar que ela vem desde o início dando importante apoio ao Movimento pela Conciliação de iniciativa do CNJ — Conselho Nacional de Justiça.

Conforme a ilustre Ellen Gracie, estimular meios alternativos para a solução de conflitos é uma das frentes que devem ser tomadas para tornar "o Judiciário brasileiro viável". Isso porque — ainda em 2007 —, segundo ela, já eram 62 milhões de processos na Justiça brasileira, o que dá uma média de 4,4 mil ações por magistrado. "É um número de processos que torna o Judiciário impossível", em sua opinião[131].

Ainda segundo Ellen Gracie, a ideia é que o Judiciário cuide apenas das questões que seria inevitável passarem por essa esfera. Muitos dos conflitos seriam mais bem resolvidos por conciliação e mediação. E, por fim, lembrou:

> A mediação é uma boa solução para conflitos em que as partes têm poderes semelhantes. Por exemplo, cerca de 90% dos casos em que há conflito entre credores imobiliários podem ser resolvidos por conciliação. Mas, em contrapartida, não é recomendada em casos de violência doméstica, quando há disparidade entre as partes.

Enfim, diante de tantos fatos concretos que nos saltam aos olhos, não há argumentos que os contraponham! Não é difícil perceber que, com a humanização da Justiça, as decisões judiciais buscarão a efetiva justiça porque levarão em conta não apenas o texto da lei, mas, sobretudo, as condições sociais dos envolvidos, e, irrefutavelmente sempre serão fundamentadas na Paz, nos princípios constitucionais fundamentais e nos princípios morais essenciais e, serão necessariamente direcionadas a um único objetivo: à busca da Paz social e da plena Justiça.

Por fim, diante das evidências, vale registrar, por oportuno, finalizando com "chave de ouro" este último capítulo, que atualmente a Paz logrou a dignidade teórica de um direito, foi elevada à categoria de direito positivo, sendo o mais moderno e verdadeiro "axioma da democracia"[132], conforme assevera o célebre jurista Paulo Bonavides, em uma de suas brilhantes

---

(131) Fonte: *website* do CNJ. Disponível em: <http://www.conciliar.cnj.gov.br/conciliar/> Acesso em: 8.4.2007.
(132) Conforme Paulo Bonavides, essa foi uma auspiciosa novidade vinda do 9º Congresso Ibero-Americano de Direito Constitucional, que se realizou em Curitiba.
Constitucionalista, doutor *honoris causa* da Universidade de Lisboa (Portugal), professor emérito da Faculdade de Direito da Universidade Federal do Ceará, presidente emérito do Instituto Brasileiro de

ponderações exteriorizadas em artigo de sua autoria infratranscrito na íntegra, publicado no Jornal *Folha de São Paulo* em 3.12.2006, no qual em apertada síntese, reafirma as ideologias, fundamentos e objetivos ora perseguidos:

O direito à paz

O direito à paz é o direito natural dos povos. Direito que esteve em estado de natureza no contratualismo social de Rousseau e que ficou implícito como um dogma na paz perpétua de Kant.

Direito à paz, sim. Mas paz em sua dimensão perene, à sombra do modelo daquele filósofo. Paz em seu caráter global, em sua feição agregativa de solidariedade, em seu plano harmonizador de todas as etnias, de todas as culturas, de todos os sistemas, de todas as crenças e que a fé e a dignidade do homem propugnam, reivindicam e sancionam.

Paz, portanto, em seu sentido mais profundo, perpassado de valores domiciliados na alma da humanidade. Valores providos de inviolável força legitimadora, única capaz de construir a sociedade da justiça, que é fim e regra para o estabelecimento da ordem, da liberdade e do bem comum na convivência universal.

A essa ideia de concórdia adere uma ética que tem a probabilidade de governar o futuro, nortear o comportamento da classe dirigente, legitimar-lhe os atos e as relações de poder.

Quem conturbar essa paz, quem a violentar, quem a negar, cometerá, à luz desse entendimento, crime contra a sociedade humana. Execrado das presentes e das futuras gerações, o Estado que delinquir ou fizer a paz soçobrar como direito há por certo de responder ante o tribunal das nações; primeiro no juízo coevo, a seguir, no juízo do porvir, perante a história. Devemos assinalar que a defesa da paz se tornou princípio constitucional, insculpido no artigo 4º, inciso VI, da nossa Constituição.

Desde 1988, avulta entre os princípios que o legislador constituinte estatuiu para reger o país no âmbito de suas relações internacionais. E, como todo princípio na Constituição, tem ele a mesma força, a mesma virtude, a mesma expressão normativa dos direitos fundamentais. Só falta universalizá-lo, alçá-lo a cânone de todas as Constituições.

Vamos requerer, pois, o direito à paz como se requerem a igualdade, a moralidade administrativa, a ética na relação política, a democracia no exercício do poder.

Direito Constitucional e diretor da *Revista Latino-Americana de Estudos Constitucionais*. É autor, dentre outras obras, de *História Constitucional do Brasil*.

No mundo globalizado da unipolaridade, das economias desnacionalizadas e das soberanias relativizadas e desrespeitadas, ou ficamos com a força do direito ou com o direito da força. Não há mais alternativa. A primeira nos liberta, a segunda nos escraviza; uma é a liberdade, a outra, o cárcere; aquela é Rui Barbosa em Haia, esta é Bush em Washington e Guantánamo; ali se advogam a Constituição e a soberania, aqui se canonizam a força e o arbítrio, a maldade e a capitulação.

A ética social da contemporaneidade cultiva a pedagogia da paz. Impulsionada do mais alto sentimento de humanismo, ela manda abençoar os pacificadores.

Elevou-se, assim, a paz ao grau de direito fundamental da quinta geração ou dimensão (as gerações antecedentes compreendem direitos individuais, direito sociais, direito ao desenvolvimento, direito à democracia). Fizemo-la, aliás, objeto de recente conferência em Curitiba, por ocasião do 9º Congresso Ibero-Americano de Direito Constitucional, que teve a presença de 2.000 pessoas de 20 Estados da Federação e de outros países.

A paz logrou ali a dignidade teórica de um direito e de um princípio constitucional, constando da carta que o plenário daquela assembleia de juristas da América Latina e da Europa aprovou por aclamação.

Em suma: dantes, a paz tida por direito fundamental nas regiões teóricas; doravante, porém, a paz erguida à categoria de direito positivo. Ontem, um conceito filosófico, hoje, um conceito jurídico [Grifo nosso]. E tanto mais jurídico quanto maior a força principiológica de sua acolhida nas Constituições.

Há, em verdade, uma espécie de poder constituinte moral que, ao prescrever-lhe o reconhecimento normativo, cria um novo direito e busca, assim, garantir a sobrevivência do homem na idade dos artefatos nucleares e da explosão tecnológica.

A lição conclusiva destas reflexões se resume também em fazer da paz axioma da democracia. Fundamentando, enfim, a nova figura introduzida no rol dos direitos humanos, inspirada de dois filósofos da liberdade, asseveramos que a guerra é um crime e a paz é um direito.

Sem a memória e a percepção dessa verdade gravadas na consciência dos povos e na razão dos governantes, nunca concretizaremos a mais solene, a mais importante, a mais inderrogável cláusula do contrato social: o direito à paz como supremo direito da humanidade.

Conclusões

É imperioso despertarmos para a realidade que nos saltam aos olhos, antes que o desgosto e a insatisfação da sociedade com a ineficiência dos serviços prestados, venham a comprovar que o Poder Judiciário está tornando-se o próprio retrato do fracasso da Justiça brasileira, e, por fim, venha a concluir o óbvio: que o Poder Judiciário é perfeitamente dispensável e socialmente desnecessário.

Então, por isso devemos lutar pela concretização da "Jurisdição da Paz", expressão que idealizamos como sendo a mais adequada para exteriorizar a ideia moderna de jurisdição, na qual não há apego à supremacia da lei, em que não há lugar para o chamado "positivismo acrítico" que tem alicerce em idiossincrasias anacrônicas, voltadas ao formalismo exacerbado. Expressão que reflete um conceito evoluído de jurisdição, onde potencializamos a Paz como direito fundamental sem nos desligarmos do juízo de legalidade, mas valorizando, sobretudo, a efetiva constitucionalização do Direito Processual Civil Brasileiro, através da implantação, consolidação e efetivação dos meios pacíficos alternativos para resolução dos conflitos, evitando a todo custo que se instale a "guerra jurídica", abandonando o tecnicismo e o formalismo extremados, os quais, dentre outras negatividades, contribuem para tornar a prestação jurisdicional cada vez mais mecanizada e menos humanizada...

Enveredando por esta seara, impreterivelmente alcançaremos a democratização da Justiça brasileira, bem como a moralização da ordem jurídica nacional, apagando algumas visões realistas, mas extremamente negativas, em relação ao Estado que, infelizmente, também no Brasil não cumpre bem suas funções, sobretudo a de Estado-Juiz.

Portanto, é imperativo que advogados, magistrados, promotores e toda a comunidade jurídica em geral passem a ter verdadeiramente, e não utopicamente, como objetivos primordiais em suas atuações o bem-estar dos jurisdicionados e o alcance da Paz e da Justiça social. Pois, da forma como estamos conduzindo as "soluções" das controvérsias atualmente, a violência tende a reinar sempre hegemônica, e a Paz só restará estampada nas camisas dos que caminham em busca dela...

Irrefutavelmente, em nosso sentir, para se debelar a crise do processo e do Judiciário, e alcançar-se à plena justiça e a paz social, que são, frisem-se, os verdadeiros fins da prestação jurisdicional, o importante é que sejamos acima de tudo humildes e conscientes no cumprimento de nossas obrigações, que respaldemos nossas condutas "também" nas regras morais e nas leis de Deus, principalmente ao desenvolvermos nossos trabalhos profissionais; que nos desvencilhemos da formação romancista de achar que só o juiz investido das funções jurisdicionais é quem detém o monopólio do poder de julgar. De ter a convicção de que o advogado bom e competente é aquele que acirra os ânimos dos "litigantes", os instigando a confrontações inúteis; que nunca se dispõe a conciliar, apaziguar, porque isso seria humilhar-se; que, para bem defender os direitos de seus clientes, deve necessariamente agir com arrogância, estupidez e má-fé no tratar com a outra parte, e, sobretudo, que tem o dever de encobrir os erros de seu constituinte, transpondo e transgredindo, sempre que possível, as regras morais, divinas e até mesmo jurídicas que estejam de qualquer forma embaraçando sua "brilhante" atuação.

Portanto, esperamos que este trabalho desperte em todos os que a ele tiverem acesso o verdadeiro espírito de paz, harmonia e justiça, e possa ajudar a conscientizar principalmente a comunidade jurídica brasileira da necessidade de se adotar uma postura espiritual solidária no desempenho de suas atividades, nunca se olvidando de suas obrigações perante a Constituição, quais sejam, assegurar acima de tudo os direitos fundamentais, proporcionar e prestar a tutela jurisdicional adequada.

E, por fim, mesmo tendo a plena consciência de que certamente será alvo de críticas por ser considerado algo "cafona" ou "muito deselegante para se arguir em âmbito jurídico, ou por estar muito aquém da soberba cultura e sabedoria de um jurista", ouso assim mesmo, com o simplório propósito de ajudar todos nós a refletirmos sobre a Paz e a Justiça verdadeira, transcrever *ipsis litteris* das Sagradas Escrituras, pequenos trechos que contêm algumas preciosas e reveladoras regras de Deus sobre o tema, as quais, normalmente, insistimos em ignorar simplesmente porque sua transgressão não implica, pela "Lei do Homens", qualquer sanção civil ou penal. No entanto são "regras norteadoras" muito importantes, destinadas a todos nós, há aproximadamente 2 mil anos [verificamos que não há consenso sobre a idade da Bíblia], por inspiração do mesmo Deus sob a proteção do qual os representantes do povo brasileiro, reunidos em Assembleia Nacional Constituinte, promulgaram a mais recente e moderna Constituição da República Federativa do Brasil de 1988 (nossa Lei Fundamental), para instituir um Estado Democrático, destinado a assegurar o exercício dos direitos sociais e individuais, a liberdade, a segurança, o bem-estar, o desenvolvimento, a igualdade e a justiça como valores supremos de uma sociedade fraterna, pluralista e sem preconceitos, fundada na harmonia social e comprometida, na ordem interna e internacional, com a solução pacífica das controvérsias, conforme encontra-se proclamado no Preâmbulo da famosa **Constituição Cidadã**, como dizia o saudoso e respeitado Ulysses Silveira Guimarães[133]. Senão, vejamos:

..."*Eu sou o SENHOR teu Deus, que te ensina o que é útil, e te guia pelo caminho em que deves andar.*" (Isaías 48 : 17)

"*Ah! Se tivesses dado ouvidos aos meus mandamentos, então seria a tua paz como o rio, e a tua justiça como as ondas do mar!*" (Isaías 48 : 18)

"*Porque o reino de Deus não é comida nem bebida, mas justiça, e paz, e alegria no Espírito Santo.*" (Romanos 14 : 17)

"*A misericórdia e a verdade se encontraram; a justiça e a paz se beijaram.*" (Salmos 85 : 10)

Livro de Tiago — Capítulo 3, versículos 10, 11, 12, 13, 14, 15, 16, 17 e 18:

10 De uma mesma boca procede bênção e maldição. Meus irmãos, não convém que isto se faça assim.

11 Porventura deita alguma fonte de um mesmo manancial água doce e água amargosa?

12 Meus irmãos, pode também a figueira produzir azeitonas, ou a videira figos? Assim tampouco pode uma fonte dar água salgada e doce.

13 **Quem dentre vós é sábio e entendido? Mostre pelo seu bom trato as suas obras em mansidão de sabedoria.**

14 **Mas, se tendes amarga inveja, e sentimento faccioso em vosso coração, não vos glorieis, nem mintais contra a verdade.**

15 **Essa não é a sabedoria que vem do alto, mas é terrena, animal e diabólica.**

---

(133) Ulysses Guimarães nasceu em 6 de outubro de 1916 em Itirapina, vila de Itaqueri da Serra, hoje distrito do município de Itirapina, que na época era parte do município de Rio Claro, no interior de São Paulo. Faleceu em um acidente de helicóptero no litoral ao largo de Angra dos Reis, sul do estado do Rio de Janeiro, no dia 12 de outubro de 1992. Foi um político e advogado que teve grande papel na oposição à ditadura militar e na luta pela redemocratização do Brasil. Exerceu a presidência da Câmara dos Deputados em três períodos (1956-1957, 1985-1986 e 1987-1988); presidindo a Assembleia Nacional Constituinte, em 1987-1988. A nova Constituição, na qual Ulysses teve papel fundamental, foi promulgada em 5 de outubro de 1988, tendo sido por ele chamada de *Constituição Cidadã*, pelos avanços sociais que incorporou no texto.

16 Porque onde há inveja e espírito faccioso aí há perturbação e toda a obra perversa.

17 Mas a sabedoria que do alto vem é, primeiramente, pura, depois pacífica, moderada, tratável, cheia de misericórdia e de bons frutos, sem parcialidade, e sem hipocrisia.

18 Ora, o fruto da justiça semeia-se na paz, para os que exercitam a paz. [Grifo nosso.]

Livro de Isaías — Capítulo 59:

Eis que a mão do SENHOR não está encolhida, para que não possa salvar; nem agravado o seu ouvido, para não poder ouvir.

2 Mas as vossas iniquidades fazem separação entre vós e o vosso Deus; e os vossos pecados encobrem o seu rosto de vós, para que não vos ouça.

3 Porque as vossas mãos estão contaminadas de sangue, e os vossos dedos de iniquidade; os vossos lábios falam falsidade, a vossa língua pronuncia perversidade.

4 Ninguém há que clame pela justiça, nem ninguém que compareça em juízo pela verdade; confiam na vaidade, e falam mentiras; concebem o mal, e dão à luz a iniquidade. (Grifo nosso.)

5 Chocam ovos de basilisco[134], e tecem teias de aranha; o que comer dos ovos deles, morrerá; e, quebrando-os, sairá uma víbora.

6 As suas teias não prestam para vestes nem se poderão cobrir com as suas obras; as suas obras são obras de iniquidade, e obra de violência há nas suas mãos.

7 Os seus pés correm para o mal, e se apressam para derramarem o sangue inocente; os seus pensamentos são pensamentos de iniquidade; destruição e quebrantamento há nas suas estradas.

8 Não conhecem o caminho da paz, nem há justiça nos seus passos; fizeram para si veredas tortuosas; todo aquele que anda por elas não tem conhecimento da paz.

---

(134) Zoologia: 1. Gênero de *reptis sáurios*, iguanídeos, caracterizados pela crista serrada no dorso e pela cauda muito comprida. 2. Qualquer espécie desse gênero, como, p. ex., o *Basiliscus americanus*, que ocorre no México e que tem coloração geral verde, com manchas amarelas.
Mitologia: 1. Reptil fantástico, de oito pernas, segundo alguns em forma de serpente, capaz de matar pelo bafo, pelo contato ou apenas pela vista, e segundo outros em forma de serpente ápode com um só olho na fronte. Fonte: *Dicionário Aurélio Eletrônico*.

9 **Por isso o juízo está longe de nós, e a justiça não nos alcança; esperamos pela luz, e eis que só há trevas; pelo resplendor, mas andamos em escuridão.** [Grifo nosso.]

10 Apalpamos as paredes como cegos, e como os que não têm olhos andamos apalpando; tropeçamos ao meio-dia como nas trevas, e nos lugares escuros como mortos.

11 Todos nós bramamos como ursos, e continuamente gememos como pombas; esperamos pelo juízo, e não o há; pela salvação, e está longe de nós.

12 **Porque as nossas transgressões se multiplicaram perante ti, e os nossos pecados testificam contra nós; porque as nossas transgressões estão conosco, e conhecemos as nossas iniquidades.** [Grifo nosso.]

13 Como o prevaricar, e mentir contra o SENHOR, e o desviarmo-nos do nosso Deus, o falar de opressão e rebelião, o conceber e proferir do coração palavras de falsidade.

14 **Por isso o direito se tornou atrás, e a justiça se pôs de longe; porque a verdade anda tropeçando pelas ruas, e a equidade não pode entrar.** [Grifo nosso.]

15 Sim, a verdade desfalece, e quem se desvia do mal arrisca-se a ser despojado; e o SENHOR viu, e pareceu mal aos seus olhos que não houvesse justiça.

16 E vendo que ninguém havia, maravilhou-se de que não houvesse um intercessor; por isso o seu próprio braço lhe trouxe a salvação, e a sua própria justiça o susteve.

17 Pois vestiu-se de justiça, como de uma couraça, e pôs o capacete da salvação na sua cabeça, e por vestidura pôs sobre si vestes de vingança, e cobriu-se de zelo, como de um manto.

18 Conforme forem as obras deles, assim será a sua retribuição, furor aos seus adversários, e recompensa aos seus inimigos; às ilhas dará ele a sua recompensa.

19 Então temerão o nome do SENHOR desde o poente, e a sua glória desde o nascente do sol; vindo o inimigo como uma corrente de águas, o Espírito do SENHOR arvorará contra ele a sua bandeira.

20 E virá um Redentor a Sião e aos que em Jacó se converterem da transgressão, diz o SENHOR.

21 Quanto a mim, esta é a minha aliança com eles, diz o SENHOR: o meu espírito, que está sobre ti, e as minhas palavras, que pus na tua boca, não se desviarão da tua boca nem da boca da tua descendência, nem da boca da descendência da tua descendência, diz o SENHOR, desde agora e para todo o sempre.

Referências

ALMEIDA, Frederico Normanha Ribeiro de; PAULA, Liana de; MEDRADO, Michelle Carla Cambraia; LOPES, Rogério. *Acesso à justiça por sistemas alternativos de administração de conflitos mapeamento nacional de programas públicos e não governamentais*. Brasília: Ministério da Justiça do Brasil, 2005.

ANDRIGHI, Fátima Nancy. *Formas alternativas de solução de conflitos*. Disponível em: <http://bdjur.stj.gov.br> Acesso em: 2007.

_____; PASTOR, Luiza; CHIMANOVITCH, Mário. A humanização da justiça: entrevista com David Diniz Dantas. *Revista ISTOÉ*, São Paulo: Três, edição n. 1.804, 2004.

BARBOSA, Rui. *Actes et discours de M. Ruy Barbosa — deuxième conférence de la paix*. Haye: W. V. Van Stockum, 1907.

BOBBIO, Norberto. *Direito e estado no pensamento de Emmanuel Kant*. 2. ed. Tradução de Alfredo Fit. São Paulo: Mandarim, 2000.

_____. *Bases wiki business and society exploring solutions — a dispute resolution community*. Disponível em: <http://baseswiki.org/en/Main_Page> Acesso em: 2011.

BUGS, Diego Carvalho. A influência alemã na audiência de conciliação prevista no Projeto de Lei n. 4.799/2002 e anteprojeto do código de processo civil brasileiro. *Revista Eletrônica Jurídico-Institucional do Ministério Público do Rio Grande do Norte*, v. 1, n. 1, mar./abr. 2011. Disponível em: <http://www.mp.rn.gov.br/revistaeletronicamprn/> Acesso em: out. 2011.

CINTRA, A. C. R.; GRINOVER, A. P.; DINAMARCO, C. R. *Teoria geral do processo*. 15. ed. São Paulo: Malheiros, 1999.

CINTRA, Roberto Ferreira de Ulhôa. *A arbitragem e a eficiência do estado*. CACB. Disponível em: <http://www.cacb.org.br/arbitragem/artigos.doc> Acesso em: 2007.

CARMONA, Carlos Alberto. *A arbitragem no processo civil brasileiro*. São Paulo: Malheiros, 1993.

_____. *Arbitragem e processo — um comentário à Lei n. 9.307/1996*. 2. ed. rev. atual. e ampl. São Paulo: Atlas, 2004.

COMISSÃO EUROPEIA — Rede judiciária europeia em matéria civil e comercial. Disponível em: <http://ec.europa.eu/civiljustice/adr/adr_spa_pt.htm> Acesso em: 2011.

FURTADO, Paulo; BULOS, Uadi Lammêgo. Lei da arbitragem comentada: breves comentários à Lei n. 9.307, de 23.9.1996. São Paulo: Saraiva, 1998.

GARDENAL, Juliana Cristia. Panorama legislativo atual da mediação de conflitos e da arbitragem no Brasil. Porto Alegre: Magister. Publicado em 8 fev. 2011. Disponível em: <http://www.editoramagister.com/doutrina_ler.php?id=928> Acesso em: 21.11.2011.

INFORMATIVO TJRS, n. 46, ano 4, abr. 2005.

KANT, Immanuel. À paz perpétua. Tradução de Marco A. Zingano. Porto Alegre: L&PM, 1990.

_____. Fundamentação da metafísica dos costumes. Tradução de Paulo Quintela. Lisboa: Edições 70, 2008.

_____. Metaphysics of morals. New York: Cambridge University, 1996.

_____. Crítica da razão pura. Tradução de J. Rodrigues de Merege. Edição Acrópolis, Versão para e-book eBooksBrasil.com. Disponível em: <br.egroups.com/group/acropolis/> Acesso em: 2007.

_____. Crítica da razão prática. Tradução e Prefácio de Afonso Bertagnoli. Versão para e-book 2004. eBooksBrasil.com. Fonte digital, digitalização da edição em papel da edições e publicações Brasil, São Paulo, 1959.

LEMES, Selma Maria Ferreira. Aspectos fundamentais da lei de arbitragem. Rio de Janeiro: Forense, 1999.

MARTINS, Pedro A. Batista. Arbitragem através dos tempos. Obstáculos e preconceitos à sua implementação no Brasil. In: Obra coletiva. A arbitragem na era da globalização.

MARSH, Stephen. The effective truths behind mediation. In: MORAIS, José Luis Bolzan. Mediação e arbitragem: alternativas à jurisdição. Porto Alegre: Livraria do Advogado, 1999.

MENKEL-MEADOW, Carrie J. Restorative justice: what is and does it work? Law Reserch Paper n. 1005485, Georgetown, annual review 2007. Disponível em: <http://ssrn.com/abstract=1005485> Acesso em: 2011.

MOORE, Christopher W. O processo de mediação: estratégias práticas para a resolução de conflitos. 2. ed. Tradução de Magda França Lopes. Porto Alegre: Artmed, 1998.

MORAES, Alexandre de. Direito constitucional. 11. ed. São Paulo: Atlas, 2002.

MORAIS, José Luis Bolzan. Mediação e arbitragem: alternativas à jurisdição. Porto Alegre: Livraria do Advogado, 1999.

NALINI, J. Novas perspectivas no acesso à justiça. Revista CEJ, v. 1, n. 3 set./dez. 1997, p. 61-69. Disponível em: <http://www2.cjf.jus.br/ojs2/index.php/cej/article/view/114/157> Acesso em: 2011.

NYU LAW — New York University School of Law. Hauser global law school program. Disponível em: <http://www.law.nyu.edu/global/index.htm> Acesso em: 10.2011.

PIAZZA, F. Arbitragem e a justiça: passagem da justiça aristotélica para a justiça kantiana. Revista Brasileira de Direito Internacional — RBDI, 2, jul. 2006. Disponível em:<http://ojs.c3sl.ufpr.br/ojs2/index.php/dint/article/view/5367/4031> Acesso em: 2007.

PORTAL EUROPEU *e-justice*. Disponível em: <https://e-justice.europa.eu/home.do> Acesso em: 2011.

POUND, Roscoe. *The ideal element in law*. Ed. Stephen Presser. Indianapolis: Liberty Fund, 2002. Disponível em: <http:/oll.liberty.org/title/671> Acesso em: 2011.

RALA, Eduardo Telles de Lima. A bioética aplicada no processo civil brasileiro: uma análise à luz do princípio da dignidade da pessoa humana. *Jus Navigandi*, Teresina, ano 8, n. 402, 13 ago. 2004. Disponível em: <http://jus2.uol.com.br/doutrina/texto.asp?id=5571> Acesso em: 23.3.2007.

REALE, Miguel. *Pluralismo e liberdade*. São Paulo: Saraiva, 1963.

REVISTA SYMPOSIUM. *Ciências, Humanidades e Letras, Fasa* — Unicap/PE, ano 4, n. 1, jan./jun. 2000.

SCORZA, Flavio Augusto Trevisan. O estado na obra de Kant. *Jus Navigandi*, Teresina, ano 11, n. 1.348, 11 mar. 2007. Disponível em: <http://jus2.uol.com.br/doutrina/texto.asp?id=9580> Acesso em: 24.3.2007.

SLAKMON, C., R. de Vitto; PINTO, R. Gomes (org.). *Justiça restaurativa*. Brasília: Ministério da Justiça e Programa das Nações Unidas para o Desenvolvimento — PNUD, 2005.

SNOPES.COM. *Rumor has it*. Disponível em: <http://www.snopes.com/snopes.asp> Acesso em: 2011. *Website* fundado por Barbara e David Mikkelson, com 15 anos de experiência como pesquisadores profissionais e escritores.

SORIANO, Ramón. *Sociologia del derecho*. Barcelona: Ariel, 1997.

SPRENKEL, Sybille Van der. Legal institutions in Manchú China — a sociological analysis by sybille van der sprenkel. In: *London School of Economics Monographs on Social Anthropology*, n. 24, New York: The Humanities, 1962.

TERRA, Ricardo R. (org.). *Ideia de uma história universal de um ponto de vista cosmopolita*. São Paulo: Brasiliense, 1986.

TOSEL, André. *Kant révolutionnaire:* droit et politique. 2. ed. Paris: Universitaires de France, 1990.

TRINDADE, Antônio Augusto Cançado. *A humanização do direito internacional*. Belo Horizonte: Del Rey, 2006.

VERÍSSIMO, Marcos Paulo. *A arbitragem de consumo na Espanha*. CACB. Disponível em: <http://www.cacb.org.br/arbitragem/artigos.doc> Acesso em: 2007.

WALKER, Ralph. *Kant e a lei moral*. Tradução de Oswaldo Giancóia Júnior. São Paulo: UNESP, 1999.

WATANABE, Kazuo. Dos juizados de pequenas causas. In: *Rev. Ajuris*, n. 27.

_____. Conciliação e juizados de pequenas causas. In: WATANABE, Kazuo (coord.). *Juizado especial de pequenas causas*. São Paulo: RT, 1985.

ZAHAR, Jorge. *Kant e o direito*. Rio de Janeiro, 2004.

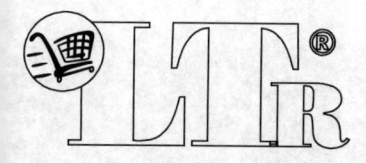

LOJA VIRTUAL	BIBLIOTECA DIGITAL	E-BOOKS
www.ltr.com.br	www.ltrdigital.com.br	www.ltr.com.br